falkemedia
Wir begeistern Menschen.

Food, Family & Friends

Begeistere deine Liebsten! Dési von ZauberTopf verrät ihre besten Rezepte für die kleinen und großen Genussmomente

Hier findest du alles auf einen Blick!

INHALT

UNTER DER WOCHE

COMFORT FOOD

WOCHENENDE

VORWORT

LIEBE LESERIN, LIEBER LESER,

Schön, dass du hier bist und mein Kochbuch in den Händen hältst! Für mich ist Kochen mehr als ein täglicher Handgriff, es ist wirklich eine Leidenschaft. Es geht darum, Freude zu bereiten und Familie und Freunde zusammenzubringen. Ich koche super gerne frisch, denn sind wir mal ehrlich: Selbstgemachtes schmeckt einfach immer besser, oder? Und weißt du, was das Beste ist? Es muss trotzdem nicht kompliziert oder aufwendig sein. Und wenn es ganz schnell gehen soll, greife auch ich in die Trickkiste und nehme mal einen fertigen Flammkuchenboden oder Pasta aus dem Kühlregal.

In diesem Buch teile ich meine Lieblingsrezepte mit dir, die einfach zuzubereiten sind und dabei richtig lecker schmecken. Du wirst sehen, wie schnell und unkompliziert du mit ein paar einfachen Zutaten tolle Gerichte auf den Tisch bringst. Meine Familie liebt es, wenn ich ihre Favoriten koche, und ich bin sicher, bei dir wird es genauso sein!

Viel Spaß beim Ausprobieren und guten Appetit!

Herzlichst

deine Désí

Freu dich auf abwechslungsreiche Rezepte und jede Menge Inspiration!

UNTER DER WOCHE

Unter der Woche geht's bei mir oft drunter und drüber. Die Tage sind vollgepackt, und ehe ich mich versehe, ist der Abend da.

Daher greife ich gern zu einfachen, vorbereiteten Kleinigkeiten und Gerichten, die ich schnell zubereiten kann.

Ein Baumeister großer Erzählungen

EIN TYPISCHER MORGEN

Schnelle Ideen zum Frühstück

In der Woche bin ich nicht der ausgiebige Frühstücks-Mensch. Oft esse ich nur eine Kleinigkeit. Am Wochenende hingegen zelebriere ich das Frühstück.

Es gibt eine Handvoll Ideen, die ich dennoch regelmäßig zubereite, weil sie sich gut vorbereiten lassen.

PORRIDGE

ZUTATEN FÜR 2 PERSONEN | ZEIT: 10 MIN.

Zubereitung

Milch, Haferflocken und Ahornsirup in den [Mixtopf] geben, **9 Min. | 70 °C | [Linkslauf] | Stufe 1** garen. Mit Bananen, Erdbeeren, Mandelmus, Kakaonibs und Blaubeeren garnieren.

Zutaten

- ★ 500 g Milch
- ★ 140 g zarte Haferflocken
- ★ 70 g Ahornsirup
- ★ 2 Bananen
- ★ kleine Handvoll Erdbeeren
- ★ 2 TL Mandelmus
- ★ 2 TL Kakaonibs
- ★ kleine Handvoll Blaubeeren

Bei den Toppings kannst du variieren. Probier mal Bananen, Himbeeren oder in der Pfanne gedünstete Apfelschnitzen.

SCHOKOBRÖTCHEN

ZUTATEN FÜR 10 STÜCK | ZEIT: 40 MIN.
ZZGL. 1 STD. 30 MIN. RUHEZEIT

Zubereitung

1 | Milch, Zucker sowie Hefe in den geben, **2 Min. | 37 °C | Stufe 2** erwärmen. Mehl, Butter, Ei sowie Salz zugeben und **2 Min. |** zu einem glatten Teig verkneten.

2 | Den Teig in eine große Schüssel umfüllen, mit einem feuchten Tuch abgedeckt an einem warmen Ort etwa 1 Std. gehen lassen, bis sich das Volumen verdoppelt hat.

3 | Ein Blech mit Backpapier belegen oder eine Auflaufform einfetten. Den Teig auf die leicht bemehlte Arbeitsfläche geben, Schoko-Chunks zugeben und kurz mit den Händen kräftig unterkneten. In 10 Stücke teilen und jedes Stück gleichmäßig zu runden Brötchen formen.

4 | Brötchen mit genügend Abstand auf das Backblech bzw. in die Auflaufform setzen und nochmals 30 Min. gehen lassen. Den Backofen auf 180 °C Ober-/Unterhitze vorheizen. Eigelb mit 2 EL Milch verquirlen, die Brötchen damit bestreichen und 20–25 Min. goldgelb backen.

Zutaten

* 250 g Milch
  zzgl. 2 EL zum Bestreichen
* 60 g Zucker
* 1 Pck. Trockenhefe
* 500 g Weizenmehl Type 405
  zzgl. etwas zum Bearbeiten
* 70 g weiche Butter
  zzgl. etwas zum Fetten
* 1 Ei
* 1 Prise Salz
* 120 g Vollmilch-Schoko-Chunks
  oder Schokodrops, backstabil
* 1 Eigelb zum Bestreichen

Den Hefeteig setze ich abends an, stelle ihn kalt und backe morgens dann die kleinen Brötchen frisch.

FITNESSBROT

ZUTATEN FÜR 1 BROT À 10 SCHEIBEN | ZEIT: 1 STD.

Zubereitung

1 | Eine Kastenform fetten, den Ofen auf 220 °C Ober-/Unterhitze vorheizen. Dinkelkörner in den geben und **1 Min.** | **Stufe 10** mahlen, dann umfüllen. Weizen- und Roggenkörner in den geben, **1 Min.** | **Stufe 10** mahlen, dann umfüllen.

2 | Die Karotten in den geben und **4 Sek.** | **Stufe 5** zerkleinern, mit dem nach unten schieben. Die Buttermilch mit Hefe zufügen und **2 Min.** | **37 °C** | **Stufe 2** vermengen. Die restlichen Zutaten hinzugeben und **4 Min.** | kneten. Evt. den zu Hilfe nehmen.

3 | Teig in die Kastenform geben, gleichmäßig verteilen, mit etwas Wasser bestreichen. Wenn du magst, eine Handvoll Haferflocken oder Sonnenblumenkerne darauf verteilen. Brot zunächst 30 Min. bei 220 °C Ober-/Unterhitze backen, danach die Temperatur auf 180 °C Ober-/Unterhitze reduzieren und weitere 20–30 Min. backen. Das Brot ist fertig, wenn du von unten daraufklopfst und es hohl klingt. Du kannst es noch ein paar Minuten ohne Form fertig backen.

Zutaten

- etwas Butter zum Fetten
- 300 g Dinkelkörner
- 150 g Weizenkörner
- 150 g Roggenkörner
- 200 g Karotten, in groben Stücken
- 500 g Buttermilch
- 1 Würfel Hefe
- 2 TL Salz
- 30 g Balsamicoessig
- 50 g Wasser
- 100 g Sonnenblumenkerne
- 50 g Leinsamen, geschrotet
- optional Haferflocken oder Sonnenblumenkerne zum Bestreuen

Außerdem

- Kastenform (30 cm Länge)

Das Fitnessbrot ist unkompliziert zubereitet und bleibt lange frisch. Daher spart es viel Zeit im Alltag.

GRANOLA-BASISREZEPT

ZUTATEN FÜR 700 G | ZEIT: 1 STD.

Zubereitung

1 | Den Backofen auf 160 °C Ober-/Unterhitze vorheizen. Ein Backblech mit Backpapier belegen. Nüsse in den geben und **4 Sek. | Stufe 5** zerkleinern, in eine große Schüssel umfüllen.

2 | Die Schüssel mit den Nüssen auf den Deckel des stellen. Haferflocken, Dinkelflocken, Quinoaflocken, Amarant, Kürbiskerne, Sonnenblumenkerne sowie Leinsamen einwiegen, vermischen und zur Seite stellen.

3 | Ahornsirup, Kokosöl sowie Salz in den geben, **3 Min. | 100 °C | Stufe 2** erwärmen und mit in die Schüssel geben. Mit dem gut vermischen.

4 | Granola-Mischung gleichmäßig auf das vorbereitete Backblech verteilen und im heißen Ofen 25–30 Min. im unteren Drittel backen. Zwischendurch wenden, damit das Granola knusprig, aber nicht zu braun wird. Aus dem Ofen nehmen, auskühlen lassen und in eine luftdichte Dose umfüllen.

Zutaten

- 150 g Nüsse, ganz, gemischt (z. B. Haselnüsse, Mandeln, Walnüsse)
- 200 g kernige Haferflocken
- 100 g Dinkelflocken
- 50 g Quinoaflocken
- 50 g Amarant, gepufft
- 40 g Kürbiskerne
- 40 g Sonnenblumenkerne
- 20 g Leinsamen
- 160 g Ahornsirup
- 40 g Kokosöl
- 1 Prise Salz

Ich esse mein Granola immer auf Naturjoghurt. Das geht schnell und macht satt.

KNUSPER
GRANOLA

CHIAPUDDING

ZUTATEN FÜR 4 PERSONEN | ZEIT: 15 MIN.

Zubereitung

1 | Alle Zutaten für den Pudding in den [Mixtopf-Symbol] geben und **9 Min. | 37 °C | [Linkslauf-Symbol] | Stufe 3** erwärmen und umfüllen. Direkt servieren oder im Kühlschrank aufbewahren.

2 | Für das Himbeerpüree alle Zutaten in den [Mixtopf-Symbol] geben und **20 Sek. | Stufe 10** pürieren. Den Chiapudding in 4 Gläser füllen, das Himbeerpüree daraufgeben und mit Himbeeren und Kokosraspeln garniert servieren.

Zutaten

Für den Chiapudding

- 400 g Kokosmilch
- 400 g Mandeldrink
- 100 g Chiasamen

Für das Himbeerpüree

- 200 g Himbeeren, frisch oder TK (aufgetaut)
- Saft und Abrieb von ¼ unbehandelten Limette
- 20 g Zucker

Für das Topping

- Himbeeren
- Kokosraspel
- Mandelmus (optional)

Ich mache den Chiapudding immer auf Vorrat. Du kannst das Rezept auch halbieren.

TOASTBROT

ZUTATEN FÜR 1 BROT À 10 SCHEIBEN | ZEIT: 45 MIN.
ZZGL. 1 STD. 30 MIN. RUHEZEIT

Zubereitung

1 | Milch, Hefe sowie Zucker in den geben, **3 Min. | 37 °C | Stufe 2** erwärmen. Mehl, Butter sowie Salz zufügen und **3 Min. |** zu einem Teig verkneten. In eine Schüssel umfüllen und 1 Std. gehen lassen.

2 | Die Kastenform mit Backpapier auskleiden. Den Teig auf einer leicht bemehlten Arbeitsfläche 30 cm breit zu einem Rechteck ausrollen. Den Teig von der kurzen Seite straff aufrollen und die Naht mit den Fingern gut zusammenkneifen. Mit der Naht nach unten in die Form legen und erneut 30 Min. ruhen lassen.

3 | Den Ofen auf 190 °C Ober-/Unterhitze vorheizen. Das Toastbrot im vorgeheizten Backofen etwa 30 Min. backen.

Zutaten

- 300 g Milch
- 1 Pck. Trockenhefe
  alternativ 15 g frische Hefe
- 30 g Zucker
- 500 g Weizenmehl Type 450
  zzgl. etwas zum Bearbeiten
- 50 g Butter, in Stücken
- 1 TL Salz

Außerdem

- Kastenform (30 cm Länge)

Frisch aus dem Ofen und lauwarm mit Marmelade oder „Nutella". Mmmh!

00:00

MITTAGSJIEPER

Mittags greife ich lieber
zu etwas Leichtem, vor allem
wenn ich noch viel vorhabe.
Andernfalls erwische ich mich
oft bei einem Mittagstief.

Wenn Zeit ist, koche ich gerne
Pasta. Ich probiere Neues
aus und achte darauf,
dass immer etwas Frisches
auf dem Teller ist.

BROKKOLISALAT „GREEK STYLE“

ZUTATEN FÜR 4 PERSONEN
ZEIT: 10 MIN.

Salate variiere ich nach Lust und Laune bzw. verarbeite auch mal Gemüse, das ich noch vorrätig habe.

Zutaten

- ★ 1 Knoblauchzehe
- ★ 2 rote Zwiebeln, halbiert
- ★ 1 Gurke, in Stücken
- ★ 300 g Brokkoli, in kleinen Röschen
- ★ 2 Paprikaschoten (gelb und rot), in Stücken
- ★ 150 g Feta, in Stücken
- ★ 40 g Olivenöl
- ★ 30 g Weißweinessig
- ★ 1 TL Salz
- ★ ½ TL Pfeffer
- ★ 100 g schwarze Oliven (Glas), abgetropft, in Ringen
- ★ 2 EL Pinienkerne zum Garnieren

Zubereitung

1 | Den Knoblauch mit den Zwiebeln in den Mixtopf geben und **3 Sek. | Stufe 5** zerkleinern. Mit dem Spatel nach unten schieben.

2 | Restliche Zutaten, bis auf Oliven und Pinienkerne, zufügen und **5 Sek. | Stufe 4,5** mithilfe des Spatels zerkleinern. Mit dem Spatel verrühren und erneut **1–2 Sek. | Stufe 4,5** mithilfe des Spatels zerkleinern. Oliven mit dem Spatel unterheben. Salat in Schälchen anrichten und mit Pinienkernen garniert servieren.

KAROTTEN-APFEL-SALAT

ZUTATEN FÜR 4 PERSONEN
ZEIT: 2 MIN.

Zutaten

- 150 g Walnüsse
- 500 g grüne Äpfel, in Stücken
- 500 g Karotten, in Stücken
- 80 g Crème fraîche
- 15 g Apfelessig
- 30 g Öl
- 2–3 Spritzer Zitronensaft
- ½ TL Salz
- 3 Prisen Pfeffer
- Peterslie zum Garnieren

Zubereitung

Walnüsse in den geben und **3 Sek. | Stufe 4** zerkleinern. In eine große Schüssel umfüllen. Äpfel in den geben, **3 Sek. | Stufe 5** zerkleinern und zu den Walnüssen geben. Karotten, Crème fraîche, Essig, Öl und Zitronensaft in den geben und **3 Sek. | Stufe 5** zerkleinern. Zu den Äpfeln und Walnüssen geben. Mit Salz und Pfeffer würzen, mit Petersilie garnieren und servieren.

BLUMENKOHLSALAT

ZUTATEN FÜR 8 PERSONEN
ZEIT: 5 MIN.

Zutaten

- Blättchen von ½ Bund Petersilie
- 1 Schalotte
- 400 g Blumenkohl, in Röschen
- ½ rote Paprikaschote, in Stücken
- ½ grüne Paprikaschote, in Stücken
- 1 Apfel, geviertelt
- 20 g Pinien- oder Kürbiskerne
- 30 g heller Balsamicoessig
- 40 g Olivenöl
- 1 TL Honig
- 1 TL mittelscharfer Senf
- 1 TL Salz
- 2 Prisen Pfeffer
- 200 g Mais (Dose)

Zubereitung

Petersilie und Schalotte in den geben, **4 Sek. | Stufe 6** zerkleinern. Alle Zutaten, bis auf den Mais, zufügen und **4 Sek. | Stufe 4** zerkleinern. Mais mit dem unterheben, Salat nach Belieben mit Salz abschmecken und servieren.

GRÜNER DETOX-SMOOTHIE

ZUTATEN FÜR 2 GLÄSER À 250 ML | ZEIT: 5 MIN.

Zubereitung

Mandeln in den geben und **10 Sek. | Stufe 10** mahlen. Restliche Zutaten zufügen und **20 Sek. | Stufe 8** pürieren. Auf Gläser aufteilen und genießen.

Zutaten

- 20 g Mandeln
- 100 g Babyspinat
- 100 g Ananas, in Stücken
- 50 g grüne Weintrauben
- 30 g Blaubeeren
- 200 g Wasser

Der grüne Smoothie gibt mir Energie und ein gutes Gefühl. Im Thermomix® ist er morgens superschnell gemixt.

ZITRONEN-LACHS MIT KARTOFFELPÜREE

ZUTATEN FÜR 4 PERSONEN | ZEIT: 35 MIN.

Zubereitung

1 | Ein Stück Backpapier zerknüllen, anfeuchten und den Einlegeboden damit auskleiden. Die Lachsfilets darauf verteilen, mit je 2 Prisen Salz und Pfeffer würzen. In den Varoma® einsetzen. Das Wasser in den füllen. Garkorb einhängen, Kartoffeln zugeben und mit ½ TL Salz würzen. Den Varoma® verschlossen aufsetzen und die Zutaten **16 Min. | Varoma® | Stufe 2** dämpfen lassen.

2 | Nach Ablauf der Zeit den Einlegeboden abnehmen, Brokkoli und Erbsen im Varoma® verteilen, den Varoma® wieder aufsetzen und **6 Min. | Varoma® | Stufe 2** fertig garen. Den Varoma® geschlossen absetzen. Den Garkorb mithilfe des entnehmen. Kräuterfrischkäse, Stärke, Zitronensaft sowie je 1 Prise Salz und Pfeffer zugeben, **5 Min. | 90 °C | Stufe 3** erhitzen. Die Soße umfüllen.

3 | Den Rühraufsatz einsetzen. Kartoffeln, Milch, Butter, 1 Prise Salz, 1 Prise Pfeffer sowie Muskat in den geben und **8 Sek. | Stufe 3** vermengen. Kartoffelpüree, Lachsfilets und Frischkäsesoße auf Tellern anrichten und mit Petersilie sowie Zitronenscheiben garniert servieren.

Zutaten

* 4 Lachsfilets (à 150 g)
* Salz
* Pfeffer
* 500 g Wasser
* 800 g mehligkochende Kartoffeln, in kleinen Würfeln
* 1 Brokkoli, in kleinen Röschen
* 150 g Erbsen (TK)
* 200 g Kräuterfrischkäse
* 1 EL Stärke
* 1 unbehandelte Zitrone, davon ½ entsaftet, ½ in Scheiben
* 290 g Milch
* 40 g Butter, in Stücken
* 1 Prise Muskat
* Petersilie zum Garnieren

Schnell und lecker, ein absoluter Familien-Favorit.

KNOBLAUCH-PARMESAN-PASTA

ZUTATEN FÜR 4 PERSONEN | ZEIT: 20 MIN.

Zubereitung

1 | Parmesan in den geben und **10 Sek. | Stufe 8** zerkleinern und umfüllen. Petersilie in den geben, **3 Sek. | Stufe 8** zerkleinern und umfüllen.

2 | Knoblauchzehen in den geben, **5 Sek. | Stufe 5** zerkleinern. Mit dem nach unten schieben. Olivenöl zufügen und **4 Min. | 100 °C | Stufe 1** andünsten.

3 | Sahne, Salz, Pfeffer, Petersilie sowie Parmesan dazugeben, **7 Min. | 100 °C | Stufe 2** ohne Messbecher köcheln. Stärke mit 1 EL Wasser glatt rühren und nach 5 Min. durch die Deckelöffnung dazugeben.

4 | Währenddessen die Spaghetti in reichlich kochendem Salzwasser nach Packungsangabe bissfest garen und abgießen. Mit der Soße vermengen und servieren.

Zutaten

* 70 g Parmesan, in Stücken
* 20 g Petersilienblättchen
* 3 Knoblauchzehen
* 2 EL Olivenöl
* 500 g Sahne
* ½ TL Salz
* 3 Prisen Pfeffer
* 15 g Stärke
* 500 g Spaghetti

Wenige Zutaten in hoher Qualität machen für mich den Unterschied.

BRUSCHETTA

ZUTATEN FÜR 8 STÜCK | ZEIT: 25 MIN.
ZZGL. 1 STD. RUHEZEIT

Zubereitung

1 | 2 Knoblauchzehen mit dem Basilikum in den geben und **3 Sek.** | **Stufe 6** zerkleinern. Mit dem nach unten schieben.

2 | Öl zugeben und **2 Min.** | **120 °C** | **Stufe 2** dünsten. Tomaten, Salz sowie Pfeffer zugeben und **5 Sek.** | | **Stufe 2** vermengen. In eine Schüssel umfüllen und 1 Std. ziehen lassen.

3 | Brotscheiben mit übriger Knoblauchzehe einreiben und mit etwas Olivenöl beträufeln. In einer heißen Pfanne rösten. Mit Tomaten belegen und servieren.

Zutaten

- 3 Knoblauchzehen
- 10 g Basilikum
- 40 g Olivenöl zzgl. etwas zum Beträufeln
- 250 g reife Kirschtomaten, geviertelt oder geachtelt
- ½ TL Salz
- 2 Prisen Pfeffer
- 8 Scheiben Baguette oder Ciabatta

Wenn ich viele Gäste habe, gebe ich auf einen großen Teller 1-2 Burrata und lege dann die Tomaten drumherum. Das Baguette röste ich und lege es auf einem Holzbrett daneben.

NUDELN IN CREMIGER TOMATENSOSSE

ZUTATEN FÜR 4 PERSONEN | ZEIT: 20 MIN.

Zubereitung

1 | Die Nudeln in reichlich kochendem Salzwasser bissfest garen, dann abgießen.

2 | Inzwischen die Zwiebel in den [Mixtopf] geben und **5 Sek.** | **Stufe 5** zerkleinern. Mit dem [Spatel] nach unten schieben. Öl zufügen und **2 Min.** | **100 °C** | **Stufe 1** andünsten.

3 | Tomaten, Kräuter sowie Gewürzpaste zugeben und alles ohne Messbecher **7 Min.** | **95 °C** | **Stufe 2** aufkochen, dabei den Spritzschutz aufsetzen. Crème fraîche zufügen und Soße **20 Sek.** | **Stufe 3** vermengen. Die Nudeln mit Soße auf Tellern anrichten, mit Basilikum garnieren und servieren.

Zutaten

- ★ 400 g Penne
- ★ Salz
- ★ 1 Zwiebel, halbiert
- ★ 20 g Olivenöl
- ★ 500 g passierte Tomaten
- ★ 2 TL getrocknete italienische Kräuter
- ★ 1 TL Gemüse-Gewürzpaste
- ★ 200 g Crème fraîche
- ★ Basilikum zum Garnieren

Das Rezept lässt sich einfach abwandeln, etwa mit Hackfleischbällchen, gebratenen Garnelen oder Hähnchenbruststreifen. Kleine Mozzarellakugeln sind auch lecker dazu.

ENERGIESPENDER

für die zweite Tageshälfte

Zwischendurch kann ich manchmal einen kleinen Energieschub gebrauchen und ich weiß, dass sich auch Mann und Kind über etwas Leckeres im Kühlschrank freuen.

FITNESSRIEGEL

ZUTATEN FÜR 8 RIEGEL
ZEIT: 25 MIN.

Zutaten

- ★ 100 g Mandeln
- ★ 25 g Walnüsse
- ★ 60 g Cashews
- ★ 40 g Kokosöl
- ★ 20 g Agavendicksaft
- ★ 30 g zarte Haferflocken
- ★ 30 g Kakaonibs
- ★ 50 g Erdnussbutter
- ★ ½ TL Zimt
- ★ 1 Prise Salz
- ★ 20 g getrocknete Cranberrys

Zubereitung

1 | Den Ofen auf 150 °C Umluft vorheizen. Mandeln im Mixtopf **5 Sek. | Stufe 7** zerkleinern, umfüllen. Walnüsse und Cashews im Mixtopf **3 Sek. | Stufe 6** grob zerkleinern und umfüllen. Kokosöl mit Agavendicksaft in den Mixtopf geben und **2 Min. | 37 °C | Stufe 1** erwärmen. Haferflocken, Mandeln, Walnüsse, Cashews sowie Kakaonibs zufügen und **1 Min. | Linkslauf | Stufe 1** vermengen. Restliche Zutaten zugeben und **3 Min. | Linkslauf | Stufe 2** vermengen.

2 | Masse aus dem Mixtopf nehmen und mit angefeuchteten Händen zu 8 Riegeln formen. Auf ein mit Backpapier ausgelegtes Blech legen und im Ofen 15 Min. backen. Herausnehmen und abkühlen lassen.

Für einen kleinen Snack greife ich gern auf Energy Balls oder Müsliriegel zurück. Sie sind schnell gemacht und halten in einer Dose ein paar Tage.

ENERGY BALLS

ZUTATEN FÜR 20 STÜCK
ZEIT: 20 MIN. ZZGL. 30 MIN. RUHEZEIT

Zutaten

- 80 g Mandeln
- 40 g Walnüsse
- 30 g Kokosraspel
- Mark von ½ Vanilleschote
- 100 g Karotten, in Stücken
- 180 g entsteinte Datteln
- ½ TL Ingwerpulver
- 1 TL Zimt

Zubereitung

Mandeln und Walnüsse im **3 Sek. | Stufe 6** grob hacken. Die Hälfte der Kokosraspel mit den restlichen Zutaten zugeben und **20 Sek. | Stufe 6** zerkleinern, bis eine homogene Masse entsteht. Je 1–2 EL von der Masse abnehmen, zu etwa 3 cm großen Bällchen formen und in den restlichen Kokosraspeln wälzen. Kugeln vor dem Servieren ca. 30 Min. kühl stellen.

VITALKEKSE

ZUTATEN FÜR 25 STÜCK
ZEIT: 25 MIN.

Zutaten

- 300 g Crunchy-Hafer-Beeren-Müsli
- 30 g Honig
- 1 Ei
- 4 EL Kokosöl

Außerdem

- runde Ausstecher (Ø 5cm)

Zubereitung

1 | Den Ofen auf 170 °C Ober-/Unterhitze vorheizen. Ein Backblech mit Backpapier belegen. 100 g Müsli in den geben, **5 Sek. | Stufe 8** zerkleinern. Restliche Zutaten zufügen und **30 Sek. | | Stufe 2** unterrühren.

2 | Von der Masse mit einem Esslöffel 25 Portionen abnehmen, mit befeuchteten Händen zu Kugeln formen. Mit ausreichend Abstand den Ausstecher auf das Blech setzen, je eine Teigkugel hineingeben und flach drücken. Kekse im Ofen 10–12 Min. backen. Herausnehmen und auf einem Kuchengitter abkühlen lassen.

GRIESSBREI

ZUTATEN FÜR 4 PERSONEN | ZEIT: 15 MIN.

Zubereitung

Rühraufsatz in den einsetzen. Alle Zutaten in den geben und **5 Sek.** | **Stufe 4** vermengen, dann **14 Min.** | **90°C** | **Stufe 1,5** garen. Den Grießbrei auf Tellern anrichten, mit Zucker bestreuen und servieren.

Zutaten

- 1000 g Milch
- 135 g Weichweizengrieß
- 50 g Zucker zzgl. etwas zum Garnieren
- 1 Prise Salz

Grießbrei geht immer. Er ist für mich echtes Soul Food. Du kannst Toppings deiner Wahl verwenden. TK-Obst, Frucht-Pürees oder frische Früchte.

„MONTE“-PUDDING

ZUTATEN FÜR 4 GLÄSER À 250 ML | ZEIT: 30 MIN. ZZGL. 1 STD. RUHEZEIT

Zubereitung

1 | 400 g Milch, Zucker, 25 g Stärke sowie Vanillezucker in den [Mixtopf] geben und **5 Sek. | Stufe 5** vermengen. Den Rühraufsatz einsetzen und **10 Min. | 90 °C | Stufe 3** erhitzen. Die Milchcreme in 4 Gläser umfüllen und mind. 1 Std. abkühlen lassen.

2 | Restliche 400 g Milch, übrige Stärke sowie die Nuss-Nougat-Creme in den [Mixtopf] geben und **8 Min. | 90 °C | Stufe 3** erhitzen. Auf der Milchcreme verteilen und die Gläser direkt an der Oberfläche mit hitzebeständiger Frischhaltefolie abdecken und abkühlen lassen. Anschließend kühl stellen.

Zutaten

- ★ 800 g Milch
- ★ 30 g Zucker
- ★ 50 g Stärke
- ★ 2 TL selbst gemachter Vanillezucker
- ★ 100 g Nuss-Nougat-Creme

Vanille und Schokolade – diese Kombi wird einfach nie langweilig.

BANANENBROT

ZUTATEN FÜR 16 STÜCKE | ZEIT: 1 STD. 20 MIN.

Zubereitung

1 | Backofen auf 170 °C Ober-/Unterhitze vorheizen. Eine Schüssel auf den [Mixtopf] stellen, die Waage aktivieren, Mehl, Backpulver, Salz sowie Kokosraspel abwiegen und vermischen. Kastenform einfetten.

2 | Kokosöl in den [Mixtopf] geben und **3 Min. | 70 °C | Stufe 1** schmelzen. Milch, Kokosblütenzucker, Vanilleextrakt sowie Bananen zufügen und **30 Sek. | Stufe 4** schaumig rühren. **3 Min. | Stufe 5** weiterrühren, dabei nach und nach den Mehl-Mix durch die Deckelöffnung zugeben.

3 | Den Teig in die Backform füllen und etwa 50–55 Min. backen. Aus dem Ofen nehmen, stürzen, abkühlen lassen und servieren.

Zutaten

* 280 g Weizenmehl Type 405
* 2 TL Backpulver
* ½ TL Salz
* 100 g Kokosraspel
* 70 g Kokosöl zzgl. etwas zum Fetten
* 100 g Milch
* 120 g Kokosblütenzucker
* 1 TL Vanilleextrakt
* 3 kleine Bananen, in Stücken

Außerdem

* Kastenform (26 cm Länge)

Das Bananenbrot hält sich mehrere Tage frisch. So kann ich jeden Tag eine oder zwei Scheiben einpacken und zwischendurch essen.

ERDBEERLIMONADE

ZUTATEN FÜR 4 GLÄSER À 250 ML | ZEIT: 5 MIN.

Zubereitung

Erdbeeren, Eiswürfel, Zitronensaft und Zucker in den [Mixtopf-Symbol] geben und **1 Min. | Stufe 10** pürieren. Das Wasser zufügen und **20 Sek. | Stufe 3** vermengen. In Gläser geben, mit Minze garnieren und servieren.

Zutaten

* 300 g Erdbeeren
* 200 g Eiswürfel
* 40 g Zitronensaft
* 20 g Zucker
* 800 g Wasser
* Minze zum Garnieren

Wenn Gäste da sind, mache ich aus der Limo einen leckeren Aperitif. Dafür das Erdbeerpüree einfach mit Sekt aufgießen.

RATZFATZ-SCHOKOMOUSSE

ZUTATEN FÜR 4 PERSONEN | ZEIT: 15 MIN.

Zubereitung

Die Schokolade in den geben und **10 Sek. | Stufe 6** zerkleinern. Schokoladenpulver sowie Pflanzencreme zufügen, **40 Sek. | Stufe 6** aufschlagen. Die Mousse auf Gläser verteilen und nach Belieben garnieren. Direkt genießen oder bis zum Servieren kalt stellen.

Zutaten

- 100 g Schokolade, in Stücken
- 70 g Trinkschokoladenpulver
- 500 g Pflanzencreme zum Schlagen
- Toppings nach Wahl

Diese 3-Zutaten-Mousse ist im Thermomix® so schnell fertig, dass ich jedes Mal staune.

COMFORT FOOD

Nach einem langen Tag möchte ich einfach nur gutes Essen ohne viel Aufwand. Ob alleine oder mit der Familie: Wir genießen den Abend und kommen zur Ruhe. Wir haben uns nach einem intensiven Tag schließlich etwas Entspannung verdient, oder? Deshalb koche ich gerne unsere Lieblingsgerichte, aber immer mit einer Variation für mehr Abwechslung.

EXPRESSKÜCHE
Feierabend!

AUCH MAL NUR FÜR MICH

Nach einem anstrengenden Tag liebe ich einfache Gerichte, die sich leicht vorbereiten lassen.

HUMMUS

ZUTATEN FÜR 1 GLAS À 300 ML | ZEIT: 5 MIN.

Zubereitung

Knoblauch in den geben, **2 Sek. | Turbo** zerkleinern. Mit dem nach unten schieben. Die Kichererbsen hinzufügen, **10 Sek. | Stufe 8** zerkleinern. Die restlichen Zutaten mit 50 g Olivenöl zugeben, **20 Sek. | Stufe 4** vermengen, mit Salz und Pfeffer abschmecken. Hummus umfüllen und mit restlichem Olivenöl beträufeln.

Zutaten

- 2 Knoblauchzehen
- 260 g Kichererbsen (Dose), abgetropft
- 30 g Tahin
- 1 TL Salz
- 2 Prisen Cayennepfeffer
- 1 TL gemahlener Kreuzkümmel
- Saft von 1 Zitrone
- 60 g Olivenöl

Das Grundrezept lässt sich vielseitig und einfach abwandeln. Teste es doch mal mit Roter Bete oder Karotten – echt lecker!

LIMETTEN-AIOLI

ZUTATEN FÜR 350 G | ZEIT: 10 MIN.

Zutaten

- 3 Knoblauchzehen
- 1 Ei
- 1 TL Essig
- Abrieb und Saft von 1 unbehandelten Limette
- ½ TL Salz
- 2 Prisen Pfeffer
- 250 g Sonnenblumenöl

Zubereitung

Knoblauch in den geben und **5 Sek.** | **Stufe 5** zerkleinern. Mit dem nach unten schieben. Ei, Essig, Abrieb und Saft von ½ Limette, Salz sowie Pfeffer hinzufügen, **2 Min.** | **Stufe 3** einstellen. Langsam das Öl auf den Deckel gießen und am Messbecher vorbei auf das laufende Messer geben. Anschließend umfüllen und mit Limettenabrieb garniert servieren. Im Kühlschrank aufbewahren und am selben Tag verbrauchen.

TOMATEN-ZAZIKI

ZUTATEN FÜR 850 G | ZEIT: 10 MIN.

Zutaten

- 1 Gurke, entkernt und in Stücken
- 1 TL Salz
- Spitzen von 8 Stielen Dill
- 3 Knoblauchzehen
- 30 g getrocknete Tomaten
- 400 g Sahnejoghurt
- 30 g Olivenöl zzgl. etwas zum Beträufeln
- 2 EL Tomatenmark
- Abrieb und Saft von ½ unbehandelten Zitrone
- 1 TL getrocknete italienische Kräuter
- ½ TL Pfeffer

Zubereitung

Gurke und Salz in den geben, **4 Sek.** | **Stufe 5** zerkleinern. Masse in ein Sieb geben, mit den Händen gut ausdrücken. spülen. Dill in den geben, **2 Sek.** | **Turbo** zerkleinern. Knoblauch und Tomaten zufügen, **3 Sek.** | **Stufe 8** zerkleinern. Mit nach unten schieben. Gurkenraspel erneut ausdrücken und zugeben. Übrige Zutaten zufügen, **15 Sek.** | | **Stufe 3** verrühren. Mit Olivenöl beträufeln. Im Kühlschrank gelagert ca. 3 Tage haltbar.

Wir machen häufig einfach eine Brotzeit. Das heißt nicht, dass ich immer Brot selbst backe, aber Dips und Aufstriche bereite ich im Thermomix® immer schnell zu.

Du kannst sie auch zu Gemüsesticks reichen oder zum Grillen, zu Steak, Pommes, Smashed Potatoes und allem anderen, wozu du sonst Dips liebst.

DATTEL-DIP

ZUTATEN FÜR 600 G | ZEIT: 5 MIN.

Zutaten

* 1 kleine Knoblauchzehe
* 120 g Soft-Datteln, entsteint
* 200 g Schmand
* 150 g fettarmer Frischkäse
* 150 g Magerquark
* ½ TL Salz
* 3 Prisen Pfeffer
* 1 ½ TL Currypulver
* ½ TL edelsüßes Paprikapulver

Zubereitung

Knoblauch und Datteln im **5 Sek. | Stufe 7** zerkleinern. Mit dem nach unten schieben und Vorgang wiederholen. Restliche Zutaten zufügen und **12 Sek. | Stufe 3** vermengen. Dip mit Salz und Pfeffer nach Belieben abschmecken. Im Kühlschrank gelagert, ist der Dattel-Dip ca. 3 Tage haltbar.

CHAMPIGNONCREMESUPPE

ZUTATEN FÜR 4 PERSONEN | ZEIT: 15 MIN.

Zubereitung

1 | Petersilie in den ◯ geben und **3 Sek. | Stufe 7** zerkleinern und umfüllen. Zwiebel mit Champignons in den ◯ geben, **6 Sek. | Stufe 5** zerkleinern und mit dem ◯ nach unten schieben. Die Butter zufügen und **2 Min. | Varoma® | Stufe 1** andünsten.

2 | Wasser, Gewürzpaste, Mehl sowie Sahne in den ◯ geben und ohne Messbecher **10 Min. | 98°C | Stufe 3** köcheln lassen, dabei den Spritzschutz aufsetzen. Crème fraîche, ½ TL Pfeffer und Muskat zufügen. Den Messbecher einsetzen und **40 Sek. | Stufe 6–8–10** aufsteigend pürieren. Suppe mit Salz und Pfeffer abschmecken, auf Tellern anrichten, mit je 1 EL Crème fraîche verswirlen und mit Petersilie und einigen Croûtons garniert servieren.

Zutaten

- 20 g Petersilienblättchen
- 1 Zwiebel, halbiert
- 300 g Champignons
- 40 g Butter
- 750 g Wasser
- 2 TL Gemüse-Gewürzpaste
- 50 g Weizenmehl Type 405
- 125 g Sahne
- 125 g Crème fraîche zzgl. 4 EL zum Garnieren
- Pfeffer
- ¼ TL Muskat
- Salz
- einige Croûtons zum Garnieren

Je nach Saison kannst du auch Pfifferlinge, Kräuterseitlinge oder Steinpilze verwenden.

OFENGEMÜSE MIT KRÄUTERQUARK

ZUTATEN FÜR 4 PERSONEN | ZEIT: 40 MIN.
ZZGL. 30 MIN. RUHEZEIT

Zubereitung

1 | Den Backofen auf 200 °C Ober-/Unterhitze vorheizen. 1 Knoblauchzehe und Schalotte in den geben und **6 Sek. | Stufe 7** zerkleinern. Mit dem nach unten schieben. Öl, ½ TL Salz und getrocknete Kräuter zufügen, **10 Sek. | Stufe 4** vermengen. Das Gemüse in eine große Schüssel geben, mit der Öl-Marinade gut vermengen. Zum Marinieren ca. 30 Min. beiseitestellen. Den reinigen.

2 | Das marinierte Gemüse auf ein mit Backpapier ausgelegtes Blech geben und im Ofen 30 Min. garen. Währenddessen für den Kräuterquark restliche Knoblauchzehe sowie frische Kräuter in den geben und **2 Sek. | Turbo** zerkleinern. Mit dem nach unten schieben, den Vorgang ggf. wiederholen.

3 | Quark, 1 TL Salz, ½ TL Pfeffer sowie Mineralwasser zufügen und **30 Sek. | Stufe 4** verquirlen. Das Ofengemüse mit Quark servieren. Perfekt dazu passen noch ein paar Scheiben Ciabatta.

Zutaten

- 2 Knoblauchzehen
- 1 Schalotte
- 20 g Olivenöl
- Salz
- 2 TL getrocknete italienische Kräuter
- 1 rote Paprikaschote, in mundgerechten Stücken
- 1 grüne Paprikaschote, in mundgerechten Stücken
- 300 g Karotten, in Scheiben
- 300 g Knollensellerie, in Stücken
- 2 rote Zwiebeln, in Ringen
- 2 Zucchini, in Scheiben
- 1 Bund gemischte Kräuter
- 750 g Quark
- Pfeffer
- 60 g Mineralwasser

Das Beste ist, dass man je nach Saison etwas anderes aufs Blech geben kann. Dazu ein Dip oder Pesto, fertig!

CREMIGE HÄHNCHEN-KÄSE-SUPPE

ZUTATEN FÜR 4 PERSONEN | ZEIT: 45 MIN.

Zubereitung

1 | Petersilie in den geben, **3 Sek.** | **Stufe 8** zerkleinern und umfüllen. Cheddar in den geben, **10 Sek.** | **Stufe 8** zerkleinern und ebenfalls umfüllen.

2 | Zwiebel und Knoblauch in den geben, **5 Sek.** | **Stufe 5** zerkleinern. Getrocknete Tomaten zufügen und **5 Sek.** | **Stufe 5** zerkleinern. Mit dem nach unten schieben. Hähnchenstücke mit Öl zugeben und **5 Min.** | **120 °C** | | andünsten.

3 | Geflügelbrühe, Paprika sowie Gewürze zugeben und ohne Messbecher **20 Min.** | **98 °C** | | köcheln, dabei den Spritzschutz aufsetzen. Sahne, Frischkäse, Wasser, Cheddar, Salz sowie Pfeffer zufügen und **5 Min.** | **98 °C** | | cremig rühren. Die Suppe auf vier Teller verteilen und mit Petersilie garniert servieren.

Zutaten

- 20 g Petersilienblättchen
- 80 g Cheddar, in Stücken
- 1 Zwiebel, halbiert
- 1 Knoblauchzehe
- 180 g getrocknete Tomaten, in Öl (Glas), abgetropft
- 500 g Hähnchenbrustfilet, in Stücken
- 1 EL Rapsöl
- 400 g Geflügelbrühe
- 1 rote Paprikaschote, in Stücken
- 1 TL Kurkumapulver
- 1 TL getrockneter Oregano
- 1 TL edelsüßes Paprikapulver
- 200 g Sahne
- 100 g Frischkäse
- 50 g Wasser
- 1 TL Salz
- ½ TL Pfeffer

Wenn ein Rezept den Namen Soul Food verdient hat, dann dieses!

TOMATENSUPPE MIT REIS

ZUTATEN FÜR 4 PERSONEN | ZEIT: 35 MIN.

Zubereitung

1 | Petersilie in den Mixtopf geben, **3 Sek. | Stufe 8** zerkleinern und umfüllen. Zwiebel mit Knoblauch in den Mixtopf geben und **5 Sek. | Stufe 5** zerkleinern. Mit dem Spatel nach unten schieben.

2 | Das Olivenöl zufügen und **2 Min. | 120 °C | Stufe 2** andünsten. Tomatenmark und Reis zugeben, **2 Min. | 120 °C | Stufe 1** weiterdünsten.

3 | Tomaten, Wasser, Gewürzpaste, Salz sowie Pfeffer zufügen und **15 Min. | 100 °C | Stufe 1** kochen. Petersilie dazugeben und weitere **5 Min. | 98 °C | Stufe 2** köcheln lassen.

4 | Die Suppe in Schalen verteilen und jeweils einen Klecks Crème fraîche daraufgeben. Mit Petersilie garnieren und die Suppe sofort servieren.

Zutaten

* 20 g Petersilienblättchen zzgl. einige zum Garnieren
* 1 Zwiebel, halbiert
* 1 Knoblauchzehe
* 20 g Olivenöl
* 30 g Tomatenmark
* 100 g Basmatireis
* 1000 g passierte Tomaten
* 550 g Wasser
* 1 TL Gemüse-Gewürzpaste
* ½ TL Salz
* ¼ TL Pfeffer
* 100 g Crème fraîche

Die Suppe ist herrlich dickflüssig. Wenn du sie flüssiger magst, gib einfach etwas Wasser dazu.

ZUSAMMEN ABENDESSEN

Zu zweit, dritt, viert ...

Ich liebe es, frische
Zutaten zu verwenden,
und einfache, aber leckere
Gerichte zuzubereiten,
die allen schmecken.

SCHUPFNUDELN TOMATE-MOZZARELLA

ZUTATEN FÜR 4 PERSONEN | ZEIT: 15 MIN.

Zubereitung

1 | Zwiebel und Knoblauch in den geben, **5 Sek. | Stufe 5** zerkleinern. Mit dem nach unten schieben. 1 EL Öl mit Tomatenmark zufügen und ohne Messbecher **2 Min. | 120 °C | Stufe 1** andünsten. Sahne, stückige Tomaten, Kräuter sowie Gewürze in den geben und **8 Min. | 100 °C | Stufe 2** kochen, dabei den Spritzschutz aufsetzen.

2 | Inzwischen in einer großen Pfanne 2 EL Öl erhitzen und die Schupfnudeln darin rundherum anbraten. Die Soße über die Schupfnudeln in die Pfanne gießen, Kirschtomaten mit Mozzarella zugeben, den Deckel auflegen und bei mittlerer Hitze ca. 1–2 Min. ziehen und den Käse schmelzen lassen. Mit Salz und Pfeffer abschmecken. Die Schupfnudeln auf Tellern anrichten, mit Basilikum garnieren und servieren.

Zutaten

* 1 Zwiebel, halbiert
* 2 Knoblauchzehen
* 3 EL Öl
* 20 g Tomatenmark
* 200 g Sahne
* 400 g stückige Tomaten (Dose)
* 2 TL getrocknete italienische Kräuter
* 1 TL Salz
* 3 Prisen Pfeffer
* 1000 g Schupfnudeln (Kühlregal)
* 150 g Kirschtomaten, halbiert
* 250 g Mini-Mozzarella
* 20 g Basilikumblättchen

Auch superlecker mit Nudeln oder Gnocchi!

RISOTTO-BASIS

ZUTATEN FÜR 4 PERSONEN
ZEIT: 40 MIN.

Risotto gibt es bei uns in allen Varianten. Gern auch nur einfach mal mit Pesto, das strecke ich mit etwas Olivenöl.

Zutaten

- 100 g Parmesan, in Stücken
- 1 Knoblauchzehe
- 1 Zwiebel, halbiert
- 40 g Butter, in Stücken
- 350 g Risottoreis
- 150 g trockener Weißwein
- 2 TL Gemüse-Gewürzpaste
- 1000 g Wasser
- ½ TL Pfeffer
- Petersilie zum Garnieren

Zubereitung

Den Parmesan in den geben, **10 Sek. | Stufe 10** zerkleinern und umfüllen. Knoblauch mit Zwiebel in den geben, **5 Sek. | Stufe 5** zerkleinern, mit dem nach unten schieben. 20 g Butter zufügen, **3 Min. | 120 °C | Stufe 1** dünsten. Den Reis zugeben, **3 Min. | 100 °C | | Stufe 1** andünsten, anschließend mithilfe des vom Boden lösen. Weißwein zufügen und ohne Messbecher **1 Min. | 100 °C | | Stufe 1** ablöschen. Gewürzpaste, Wasser sowie Pfeffer zugeben, **25 Min. | 100 °C | | Stufe 1** garen, dabei den Spritzschutz aufsetzen. Restliche Butter und die Hälfte des Parmesans vorsichtig mit dem unterheben. Risotto auf 4 Tellern anrichten, mit dem restlichen Parmesan und Petersilie bestreut servieren.

Tolle Kombi

Das musst du mal probieren! Süßkartoffel und Risotto, dazu noch ein Klecks Pesto!

Tomate-Mozzarella

Man kann auch einen Teil der Brühe durch passierte Tomaten ersetzen, dann wird's gleich fruchtiger.

PINSA TOMATE-MOZZARELLA

ZUTATEN FÜR 4 PERSONEN | ZEIT: 45 MIN.
ZZGL. 72 STD. RUHEZEIT

Zubereitung

1 | Zutaten für den Teig in den Mixtopf geben und **4 Min. |** Teigmodus verkneten. Eine große Schüssel mit etwas Olivenöl ausstreichen, den Teig hineinlegen, verschließen und 72 Std. im Kühlschrank gehen lassen.

2 | Für die Tomatensoße Zwiebel mit Knoblauch in den Mixtopf geben und **3 Sek. | Stufe 7** zerkleinern. Mit dem Spatel nach unten schieben. Öl zufügen und ohne Messbecher **2 Min. | 120 °C | Stufe 2** andünsten. Den Mixtopf spülen.

3 | Die restlichen Zutaten für die Soße zugeben und **15 Min. | 90 °C | Stufe 1** köcheln lassen. Dabei den Messbecher einsetzen. Danach **15 Sek. | Stufe 6-8** aufsteigend pürieren. Soße umfüllen und im Kühlschrank aufbewahren oder frisch vor der Verwendung zubereiten.

4 | Den Teig 2 Stunden vor der Verwendung aus dem Kühlschrank nehmen und bei Raumtemperatur gehen lassen. Anschließend auf einer bemehlten Arbeitsfläche kurz durchkneten und in 4 Stücke teilen. Jedes Teigstück zu ovalen Fladen formen und je 2 Fladen auf ein mit Backpapier ausgelegtes Backblech legen.

5 | Backofen auf 240 °C Ober-/Unterhitze vorheizen. Die Teigfladen mit der Tomatensoße bestreichen. Die Pinsas im Backofen 12–14 Min. backen. Herausnehmen und mit Tomaten sowie Mozzarella belegen. Mit Oregano und Basilikum garniert servieren.

Zutaten

Für den Teig

- 500 g Weizenmehl Type 00, alternativ Type 405
- 15 g Olivenöl zzgl. etwas zum Bestreichen
- 1 Pck. Trockenhefe
- 1 TL Salz
- 350 g Wasser

Für die Tomatensoße

- 1 kleine Zwiebel, halbiert
- 1 Knoblauchzehe
- 20 g Olivenöl
- 400 g Tomaten, in kleinen Stücken
- 30 g Tomatenmark
- 1 TL getrocknete italienische Kräuter
- ¾ TL Salz
- 2 Prisen Pfeffer

Für den Belag

- 250 g Kirschtomaten, 125 g halbiert, 125 g gewürfelt
- 250 g Mozzarella, zerzupft
- 1 TL Oregano zum Garnieren
- Basilikum zum Garnieren

GNOCCHI MIT SCHMELZKÄSESOSSE

ZUTATEN FÜR 4 PERSONEN | ZEIT: 35 MIN.

Zubereitung

1 | Zwiebel in den geben und **5 Sek. | Stufe 5** zerkleinern. Mit dem nach unten schieben. Öl zufügen und ohne Messbecher **3 Min. | 120 °C | Stufe 1** andünsten.

2 | Wasser und Gewürzpaste in den füllen. Den Rühraufsatz in den Varoma® legen und die Gnocchi darauf verteilen, sodass der Dampf zirkulieren kann. Den Blumenkohl auf dem Einlegeboden verteilen und in den Varoma® einsetzen. Mit dem Deckel verschließen und alles **20 Min. | Varoma® | Stufe 2** dämpfen lassen.

3 | Den Varoma® geschlossen absetzen und warm halten. Schmelzkäse, Milch, Stärke und Gewürze in den geben, **5 Min. | 90 °C | Stufe 3** garen. Spinat mit Kochschinken zugeben und mit dem unterheben. Erneut **1 Min. | 90 °C | | Stufe 1** erhitzen. Gnocchi, Blumenkohl sowie Soße auf Tellern anrichten und servieren.

Zutaten

- ★ 1 Zwiebel, halbiert
- ★ 2 EL Öl
- ★ 450 g Wasser
- ★ 1 ½ TL Gemüse-Gewürzpaste
- ★ 800 g Gnocchi (Kühlregal)
- ★ 400 g Blumenkohl, in sehr kleinen Röschen
- ★ 150 g Schmelzkäse
- ★ 200 g Milch
- ★ 2 EL Stärke
- ★ 2 Prisen Pfeffer
- ★ 1 Prise Muskat
- ★ 100 g Baby-Spinat
- ★ 100 g Kochschinken, in kleinen Würfeln

Gnocchi aus dem Kühlregal sind ein echtes Multitalent. Dazu bereite ich Soße & Co. frisch zu. Unkompliziert und lecker.

CREMIGES NUDEL-SCHINKEN-GRATIN

ZUTATEN FÜR 6 PERSONEN | ZEIT: 45 MIN.

Zubereitung

1 | Den Backofen auf 200 °C Ober-/Unterhitze vorheizen. Den Käse im **8 Sek. | Stufe 8** zerkleinern und umfüllen. Den reinigen.

2 | Zwiebel und Knoblauch in geben, **3 Sek. | Stufe 8** zerkleinern. Mit dem nach unten schieben. Butter und Mehl zufügen, **3 Min. | 100 °C | Stufe 2** andünsten.

3 | Wasser, Sahne, 150 g Gouda, Muskat, Gemüse-Gewürzpaste, Salz sowie Pfeffer zugeben und alles **6 Min. | 100 °C | Stufe 3** aufkochen lassen. Währenddessen die ungekochten Nudeln in der Auflaufform verteilen und mit Kochschinken bestreuen.

4 | Die Soße **4 Sek. | Stufe 8** cremig rühren und über die Nudeln gießen. Restlichen Käse darüberstreuen und im Backofen 30 Min. backen. Das Gratin mit Petersilie bestreut servieren.

Zutaten

- 300 g Gouda, in Stücken
- 1 Zwiebel, halbiert
- 1 Knoblauchzehe
- 60 g Butter, in Stücken
- 50 g Weizenmehl Type 405
- 450 g Wasser
- 250 g Sahne
- 1 Msp. Muskat
- 2 TL Gemüse-Gewürzpaste
- ½ TL Salz
- 3 Prisen Pfeffer
- 400 g Penne
- 200 g Kochschinken, in Würfeln
- Petersilie zum Garnieren

Außerdem

- Auflaufform (ca. 25 × 20 cm)

Wenn ich das Gratin zubereite, sitzt die Familie blitzschnell am Esstisch.

DINKEL-JOGHURT-KRUSTE

ZUTATEN FÜR 1 BROT À 12 SCHEIBEN | ZEIT: 2 STD. 5 MIN. ZZGL. 1 STD. 30 MIN. RUHEZEIT

Zubereitung

1 | Wasser, Hefe und Honig in den [Mixtopf] geben, **2 Min. | 37°C | Stufe 2** erwärmen. Die übrigen Zutaten zufügen und **5 Min.** | [Teigstufe] verkneten. Den Teig umfüllen, abdecken und an einem warmen Ort ca. 1 Std. 30 Min. gehen lassen.

2 | Den Teig auf einer leicht bemehlten Arbeitsfläche mehrmals falten. Zu einem runden Laib formen, die Oberfläche einschneiden und mit etwas Mehl bestäuben. In die gefettete Brotbackform geben, Deckel auflegen und in den kalten Ofen stellen.

3 | Das Brot bei 180 °C Ober-/Unterhitze ca. 55 Min. backen, den Deckel abnehmen und bei 220 °C ca. 10 Min. fertig backen, dabei Sichtkontakt halten. Anschließend aus dem Ofen nehmen, aus der Form lösen und abkühlen lassen.

Zutaten

* 350 g Wasser
* 20 g frische Hefe
* 1 TL Honig
* 700 g Dinkelmehl Type 630 zzgl. etwas zum Bearbeiten
* 100 g Roggenmehl Type 1150
* 150 g Joghurt
* 2 EL heller Balsamicoessig
* 3 TL Salz
* 1 TL Brotgewürz
* Butter zum Fetten

Außerdem

* Brotbackform mit Deckel, alternativ gusseiserner Bräter

*Ich verwende auch manchmal weniger Hefe,
als in den Rezepten angegeben ist,
dafür lasse ich den Teig einfach länger gehen,
dann schmeckt er weniger „hefig“.*

GUACAMOLE

ZUTATEN FÜR 4 PERSONEN | ZEIT: 5 MIN.

Zubereitung

Knoblauch, Petersilie sowie Chilischote in den geben und **5 Sek. | Stufe 5** zerkleinern. Mit dem nach unten schieben. Avocadofruchtfleisch, Tomaten, Zitronensaft, Schmand, Salz sowie Pfeffer zufügen, **7 Sek. | Stufe 5** vermengen. Die Guacamole umfüllen, mit Petersilie und Chili garniert servieren.

Zutaten

- 1 Knoblauchzehe
- Blättchen von 5 Stielen Petersilie zzgl. etwas zum Garnieren
- 1 rote Chilischote, entkernt, in Stücken, zzgl. etwas zum Garnieren
- Fruchtfleisch von 1 Avocado
- 50 g Kirschtomaten, halbiert
- 1 TL Zitronensaft
- 50 g Schmand
- ½ TL Salz
- 2 Prisen Pfeffer

Ich liebe Guacamole mit Nachos oder als Grundlage für leckere Wraps.

THUNFISCHAUFSTRICH

ZUTATEN FÜR 1 GLAS À CA. 300 ML | ZEIT: 5 MIN.

Zubereitung

Die Petersilie in den ◯ geben und **3 Sek. | Stufe 8** zerkleinern. Mit dem ◯ nach unten schieben. Thunfisch, Frischkäse, Zitronensaft, Salz sowie Pfeffer zufügen und **15 Sek. | Stufe 3** vermengen.

Zutaten

- 20 g Petersilie
- 140 g Thunfisch (Dose), in eigenem Saft, abgetropft
- 200 g Frischkäse
- 2 TL Zitronensaft
- ½ TL Salz
- 2 Prisen Pfeffer

Wenn es schnell gehen muss, koche ich Pasta und gebe den Dip als Soße dazu. Etwas Nudelwasser zufügen, dann wird's schön cremig.

KARTOFFELPÜREE

ZUTATEN FÜR 4 PERSONEN
ZEIT: 45 MIN.

Zutaten

- 1000 g mehligkochende Kartoffeln, geschält und in Stücken
- 360 g Milch
- 1 ½ TL Salz
- 1 Msp. Muskat
- 50 g weiche Butter, in Stücken

Zubereitung

Kartoffeln, Milch sowie Gewürze in den geben und ohne Messbecher **30 Min. | 98 °C | Stufe 1** garen, dabei den Spritzschutz aufsetzen. Den Rühraufsatz in den einsetzen. Die Butter zufügen und **30 Sek. | Stufe 3** verrühren. Den Rühraufsatz entnehmen und das Kartoffelpüree nach Belieben servieren.

Comfort Food

Ein cremiges Püree wie bei Omi, dazu perfekt gegarter Kabeljau oder Lachs: Klingt nach Wohlfühlküche, oder?

Gemüse

Statt Kartoffeln kannst du auch aus Kohlrabi, Süßkartoffeln oder Sellerie ein cremiges Püree zaubern. Oder mixe einfach halb und halb, so entsteht eine tolle Kombination, die Abwechslung auf den Teller bringt und dabei genauso cremig und superlecker schmeckt!

KÜRBISCURRY

ZUTATEN FÜR 4 PERSONEN | ZEIT: 35 MIN.

Zubereitung

1 | Schalotte mit Knoblauch in den [Mixtopf] geben, **5 Sek. | Stufe 5** zerkleinern und mit dem [Spatel] nach unten schieben. Öl mit Currypaste zufügen und ohne Messbecher **2 Min. | 120 °C | Stufe 1** dünsten.

2 | Wasser mit Kokosmilch zufügen und **5 Min. | 100 °C | Stufe 1** aufkochen. Kürbis, Kartoffeln sowie Paprika zugeben und ohne Messbecher **25 Min. | 95 °C | [Linkslauf] | Stufe 1** garen, dabei den Spritzschutz aufsetzen. In der Zwischenzeit den Reis in einem Topf nach Packungsangabe garen. Das Kürbiscurry mit Reis anrichten und mit etwas Koriander bestreut servieren.

Zutaten

- 1 Schalotte, halbiert
- 2 Knoblauchzehen
- 20 g Öl
- 4 TL gelbe Currypaste
- 200 g Wasser
- 400 g Kokosmilch (Dose)
- 800 g Hokkaidokürbis, in Würfeln
- 200 g Kartoffeln, in Würfeln
- 1 rote Paprikaschote, in Würfeln
- 250 g Basmatireis
- Salz
- Koriander zum Garnieren

Ich liebe Currys und bereite sie, je nachdem, was da ist, unterschiedlich zu.

KARTOFFELSUPPE MIT WIENERN

ZUTATEN FÜR 4 PERSONEN | ZEIT: 40 MIN.

Zubereitung

1 | Knoblauch und Zwiebel in den [Mixtopf-Symbol] geben, **5 Sek. | Stufe 5** zerkleinern. Kartoffeln mit Gemüse zufügen und **3 Sek. | Stufe 5** zerkleinern. Öl zugeben und alles **10 Min. | 100 °C | Stufe 1** dünsten.

2 | Wasser, Gewürzpaste, Majoran, Paprikapulver, Salz sowie Pfeffer zufügen und **25 Min. | 100 °C | Stufe 1** garen. Die Sahne zugeben und **30 Sek. | Stufe 5–9** ansteigend pürieren. Mit Salz und Pfeffer abschmecken. Die Würstchen zur Suppe geben und heiß werden lassen.

Zutaten

* 1 Knoblauchzehe
* 1 Zwiebel, halbiert
* 500 g Kartoffeln, geschält, in Stücken
* 1 Karotte, in Scheiben
* 150 g Knollensellerie in Würfeln
* 1 Stange Porree, in Ringen
* 20 g Olivenöl
* 750 g Wasser
* 2 TL Gemüse-Gewürzpaste
* 2 TL getrockneter Majoran
* ½ TL edelsüßes Paprikapulver
* ½ TL Salz
* 3 Prisen Pfeffer
* 60 g Sahne
* 4 Wiener Würstchen, in Scheiben

Mein Rezept erinnert mich an das meiner Oma. Mit einer Ausnahme: Meine Kartoffelsuppe ist viel einfacher gemacht, Thermomix® sei Dank.

TORTILLAS

ZUTATEN FÜR 8 STÜCK | ZEIT: 45 MIN.

Zubereitung

1 | Für die Tortillas Mehl, Öl, Zucker sowie ½ TL Salz in den geben und **2 Min.** | einstellen. Das heiße Wasser durch die Deckelöffnung zugießen und alles zu einem glatten Teig verkneten. Den Teig in 8 Portionen teilen und zu Kugeln formen. Teigkugeln nacheinander auf einer bemehlten Arbeitsfläche dünn rund ausrollen.

2 | Etwas Öl in einer beschichteten Pfanne erhitzen. Die Tortillas nacheinander pro Seite etwa 1 Min. backen, bis der Teig Blasen wirft. Gebackene Tortillas übereinander auf einem Teller stapeln und mit einem Küchenhandtuch bedeckt beiseitestellen. spülen.

3 | Für die Salsa Zwiebel, Knoblauch und Koriander, bis auf etwas zum Garnieren, im **4 Sek.** | **Stufe 7** zerkleinern. Mit den Tomaten, je 1 Prise Salz und Pfeffer im **5 Sek.** | **Stufe 2** verrühren. Umfüllen und die Salsa beiseitestellen. Den spülen.

4 | Für die Füllung Zwiebel, Knoblauch und Chilischote im **4 Sek.** | **Stufe 7** hacken. Öl und Tomatenmark zugeben und **2 Min.** | **Varoma®** | **Stufe 1** andünsten. Hackfleisch, ½ TL Salz und Ras el-Hanout zugeben und **5 Min.** | **Varoma®** | | **Stufe 1** dünsten.

5 | Jeweils eine Tortilla mittig mit Hack füllen. Tomatensalsa, etwas Guacamole, Salat, Schmand, Cheddar und Rest Koriander darauf verteilen. Tortillas zusammenklappen und sofort servieren.

Zutaten

Für die Tortillas

* 500 g Weizenmehl Type 405 zzgl. etwas zum Bearbeiten
* 2 EL Sonnenblumenöl zzgl. etwas zum Braten
* 1 EL Zucker
* Salz
* 300 g heißes Wasser

Für die Salsa

* 1 Zwiebel, halbiert
* 1 Knoblauchzehe
* Blättchen von 6 Stielen Koriander
* 3 Tomaten, in Stücken
* Pfeffer

Für die Füllung

* 1 Zwiebel, halbiert
* 1 Knoblauchzehe
* 1 rote Chilischote
* 2 EL Olivenöl
* 1 EL Tomatenmark
* 400 g Rinderhack
* 1 EL Ras el-Hanout
* Guacamole (siehe Seite 82)

Außerdem

* ½ Eisbergsalat, in Streifen
* 150 g Schmand
* 100 g geriebener Cheddar

VEGETARISCHE FRIKADELLEN

ZUTATEN FÜR 8 STÜCK | ZEIT: 20 MIN.

Zubereitung

1 | Den Gouda in den geben, **8 Sek. | Stufe 8** zerkleinern und umfüllen.

2 | Petersilie, Zwiebel und Knoblauch in den geben, **4 Sek. | Stufe 7** zerkleinern, mit dem nach unten schieben. Kidneybohnen, Tomatenmark, Senf, Gewürze, 1 TL Salz und 3 Prisen Pfeffer zufügen, erneut **4 Sek. | Stufe 7** zerkleinern und mit dem nach unten schieben.

3 | Paniermehl, Gouda sowie Eier in den geben und alles **10 Sek. | Stufe 3** vermengen. Bei Bedarf noch etwas Paniermehl untermischen.

4 | Aus der Mischung mit feuchten Händen 8 Frikadellen formen. 2 EL Öl in einer großen beschichteten Pfanne erhitzen. Die Frikadellen darin von jeder Seite 5–8 Min. goldbraun braten und anschließend servieren.

Zutaten

- ★ 100 g Gouda, in Stücken
- ★ 20 g Petersilienblättchen
- ★ 1 Zwiebel, halbiert
- ★ 1 Knoblauchzehe
- ★ 500 g Kidneybohnen (Dose), abgetropft
- ★ 1 EL Tomatenmark
- ★ 1 TL mittelscharfer Senf
- ★ ½ TL edelsüßes Paprikapulver
- ★ 1 Prise Cayennepfeffer
- ★ Salz
- ★ Pfeffer
- ★ 100 g Paniermehl
- ★ 2 Eier
- ★ 2 EL Sonnenblumenöl

Diese Veggie-Frikadellen schmecken uns so gut, auch mein Mann liebt sie.

ITALIENISCHE HACKBÄLLCHEN

ZUTATEN FÜR 4 PERSONEN | ZEIT: 55 MIN.

Zubereitung

1 | Für die Hackbällchen Zwiebel und Knoblauch in den geben, **5 Sek. | Stufe 5** zerkleinern. Mit dem nach unten schieben. Hackfleisch, Paniermehl, Ei, italienische Kräuter, 1½ TL Salz sowie 1 TL Pfeffer zugeben und **10 Sek. | | Stufe 3** vermengen.

2 | Zucchini, Champignons und Paprika im Varoma® verteilen. Aus der Hackfleischmasse 12 Bällchen formen und auf den Einlegeboden legen. Den kurz spülen. Für die Soße Zwiebel mit Knoblauch in den geben, **5 Sek. | Stufe 5** zerkleinern und mit dem nach unten schieben. Öl zugeben, **2 Min. | 120 °C | Stufe 1** andünsten. Tomatenmark zugeben, weitere **2 Min. | 120 °C | Stufe 1** andünsten.

3 | Reis in den Garkorb einwiegen und unter fließendem Wasser abspülen. Garkorb mit Reis in den einhängen. Wasser und Gewürzpaste in den füllen und mit dem umrühren. Den Varoma® mit Einlegeboden aufsetzen und alles **25 Min. | Varoma® | Stufe 1** garen.

4 | Nach Ende der Garzeit den Varoma® abnehmen, den Garkorb mithilfe des entnehmen und Reis sowie Hackbällchen warm halten. Stückige Tomaten, Frischkäse, Kräuter, Mehl, ½ TL Salz und 2 Prisen Pfeffer in den geben, Soße **5 Sek. | Stufe 5** vermengen. **5 Min. | 100 °C | Stufe 3** erwärmen. Die Hackbällchen mit Reis, Gemüse und Soße auf Tellern anrichten und servieren.

Zutaten

Für die Hackbällchen und das Gemüse

* 1 rote Zwiebel, halbiert
* 2 Knoblauchzehen
* 500 g Rinderhackfleisch
* 60 g Paniermehl
* 1 Ei
* 1 EL getrocknete italienische Kräuter
* Salz
* Pfeffer
* 200 g Zucchini, in Würfeln
* 100 g Champignons, in Würfeln
* 2 Paprikaschoten (grün und rot), in Würfeln

Für die Soße und den Reis

* 1 rote Zwiebel, halbiert
* 2 Knoblauchzehen
* 30 g Olivenöl
* 50 g Tomatenmark
* 250 g Langkornreis
* 1400 g Wasser
* 2 TL Gemüse-Gewürzpaste
* 400 g stückige Tomaten (Dose)
* 100 g Frischkäse
* 1 EL getrocknete italienische Kräuter
* 40 g Weizenmehl Type 405

Ohne Reis auch toll
für eine Tapas-Platte.

SMASHED POTATOES

ZUTATEN FÜR 4 PERSONEN | ZEIT: 1 STD.

Zubereitung

1 | Wasser in den [Mixtopf] füllen. Die Drillinge im Varoma® verteilen, diesen verschlossen aufsetzen und die Kartoffeln **25 Min. | Varoma® | Stufe 1** garen.

2 | Inzwischen Ofen auf 200 °C Ober-/ Unterhitze vorheizen. Den Varoma® absetzen und den [Mixtopf] leeren. Knoblauchzehen im [Mixtopf] **3 Sek. | Stufe 6** zerkleinern und mit dem [Spatel] nach unten schieben. Olivenöl zufügen und **3 Min. | 100 °C | Stufe 1** andünsten.

3 | Öl durch ein Sieb abgießen, Knoblauch auffangen. Kartoffeln auf ein mit Backpapier belegtes Blech geben und zerdrücken. Mit Knoblauchöl begießen, salzen und ca. 25 Min. im Ofen knusprig bräunen. In den letzten 10 Min. Knoblauch auf Kartoffeln verteilen. Inzwischen den [Mixtopf] spülen. Für den Dip Schmand, Zitronensaft, ½ TL Salz und 3 Prisen Pfeffer im [Mixtopf] **12 Sek. | Stufe 4** vermengen. Alles servieren.

Zutaten

- 500 g Wasser
- 1000 g Drillinge
- 2 Knoblauchzehen
- 80 g Olivenöl
- Salz
- 400 g Schmand
- 3 EL Zitronensaft
- 3 Prisen Pfeffer

Zu Hause lieben alle die köstlichen Kartoffeln und greifen immer gern zu. Die Smashed Potatoes schmecken auch supergut mit Parmesan überbacken.

FALAFEL

ZUTATEN FÜR 4 PERSONEN | ZEIT: 25 MIN.
ZZGL. 12 STD. RUHEZEIT

Zubereitung

1 | Die Kichererbsen mind. 12 Std. oder über Nacht in reichlich Wasser einweichen lassen. Dabei zwischendurch das Wasser wechseln.

2 | Am nächsten Tag Zwiebel, Knoblauch und Petersilie in den geben und **4 Sek. | Stufe 6** zerkleinern. Mit dem nach unten schieben.

3 | Die Kichererbsen gründlich abspülen, abtropfen lassen und in den geben. Zitronensaft, Salz, Pfeffer, Kreuzkümmel, Koriander sowie Backpulver zufügen und **40 Sek. | Stufe 6** zu einer homogenen Masse verarbeiten. Aus der Masse mit feuchten Händen 20 Bällchen formen.

4 | Das Öl in einem Topf erhitzen. Sobald an einem Holzlöffelstiel Bläschen aufsteigen, ist die richtige Temperatur erreicht. Die Falafel portionsweise im heißen Fett ca. 4 Min. goldbraun ausbacken, auf Küchenpapier abtropfen lassen und servieren.

Zutaten

- 250 g getrocknete Kichererbsen
- 1 große Zwiebel, halbiert
- 2 Knoblauchzehen
- 50 g Petersilie
- Saft von ½ Zitrone
- 1 ½ TL Salz
- 1 Prise Pfeffer
- 1 TL gemahlener Kreuzkümmel
- ½ TL gemahlener Koriander
- 1 TL Backpulver
- 1000 g Sonnenblumenöl zum Frittieren

Auch gut aus dem Ofen: dafür Falafel auf ein Blech legen und bei 200 °C Ober-/Unterhitze 20–25 Min. backen.

GEMÜTLICHER ABEND

Wenn Freundinnen vorbeischauen

Jetzt ist Zeit
für „Fast Fingerfood“
und Soul Food,
für einen entspannten
Mädelsabend.

FLADENBROT

ZUTATEN FÜR 2 BROTE | ZEIT: 40 MIN.
ZZGL. 1 STD. 20 MIN. RUHEZEIT

Zubereitung

1 | Wasser, Hefe sowie Zucker in den geben und **2 Min. | 37°C | Stufe 2** erwärmen.

2 | Mehl, 20 g Öl und Salz zufügen, alles **3 Min. |** zu einem geschmeidigen Teig kneten. Den Teig in eine Schüssel umfüllen und abgedeckt 1 Std. ruhen lassen.

3 | Ein Backblech mit Backpapier belegen. Teig aufs Blech geben und zu einem oder zwei Fladen formen. Abgedeckt weitere 20 Min. ruhen lassen.

4 | Den Backofen auf 220 °C Ober-/Unterhitze vorheizen. Eigelb mit Rest Olivenöl verquirlen, auf das Fladenbrot streichen, den Sesam darüberstreuen und im heißen Ofen 20–25 Min. backen.

Zutaten

- 260 g Wasser
- 20 g frische Hefe
- ¼ TL Zucker
- 500 g Weizenmehl Type 405
- 20 g Olivenöl
  zzgl. 2 EL zum Bestreichen
- 10 g Salz
- 1 Eigelb
- 2 EL Sesam

Dazu einfach eine gemischte Käseplatte oder ein Dip, die sind fix vorbereitet.

BLÄTTERTEIGTASCHEN MIT FETA

ZUTATEN FÜR 20 STÜCK | ZEIT: 35 MIN.

Zubereitung

1 | Den Backofen auf 220 °C Ober-/Unterhitze vorheizen. Die Zutaten für das Pesto in den [Mixtopf] geben und alles **20 Sek. | Stufe 7** zerkleinern.

2 | Blätterteig mit Backpapier auf dem Backblech ausrollen. Mit dem Pesto bestreichen. Feta auf das Pesto bröseln. Ein paar weitere Kleckse Pesto darauf verteilen. Den zweiten Blätterteig ohne Papier darauflegen. Übriges Pesto in ein Schraubglas füllen.

3 | Eigelb mit Milch verquirlen und den Blätterteig damit bestreichen. Sesam darauf verteilen. Mit einem Pizzaschneider in 20 Stücke schneiden und im heißen Ofen 15–20 Min. backen. Das restliche Pesto hält sich mit Öl bedeckt einige Monate im Kühlschrank.

Zutaten

Für das Pesto

- 200 g getrocknete Tomaten in Öl (Glas), abgetropft
- 150 g Olivenöl zzgl. etwas zum Bedecken
- 50 g Pinienkerne
- 50 g Parmesan, in Stücken
- 2 Knoblauchzehen
- 1 TL Meersalz
- 1 Prise Pfeffer

Außerdem

- 2 Rollen Blätterteig (Kühlregal)
- 500 g Feta
- 1 Eigelb
- 1 EL Milch
- Sesam nach Belieben

Ein schnelles und einfaches Fingerfood-Rezept für gemütliche Abende. Auch kalt schmecken die Taschen fantastisch!

FLAMMKUCHEN-BREZELN

ZUTATEN FÜR 10 STÜCK | ZEIT: 30 MIN.

Zubereitung

1 | Den Backofen auf 200 °C Ober-/Unterhitze vorheizen. Zwei Backbleche mit Backpapier belegen und die Brezeln mit etwas Abstand darauf verteilen.

2 | Emmentaler in den Mixtopf geben und **5 Sek. | Stufe 7** zerkleinern. Schmand, Eier, Schinkenspeck, Frühlingszwiebeln, Salz sowie Pfeffer in den Mixtopf geben und **12 Sek. | Linkslauf | Stufe 3** verrühren.

3 | Schmandcreme mit einem Esslöffel in die Löcher der Brezeln füllen und im vorgeheizten Backofen 18–20 Min. backen. Herausnehmen, etwas abkühlen lassen und servieren.

Zutaten

- 10 Brezeln (TK)
- 150 g Emmentaler, in Stücken
- 200 g Schmand
- 2 Eier
- 120 g Schinkenspeck, in Würfeln
- 3 Frühlingszwiebeln, in Ringen
- ¼ TL Salz
- 2 Prisen Pfeffer

Für diese Idee hole ich abends nur schnell die paar wenigen Zutaten für den Belag, Brezeln habe ich sowieso immer im Tiefkühlfach.

ORZO-SALAT

ZUTATEN FÜR 4 PERSONEN | ZEIT: 25 MIN.

Zubereitung

1 | Wasser mit Gewürzpaste in den [Mixtopf] geben und ohne Messbecher **12 Min. | 100 °C | Stufe 1** erhitzen, dabei den Spritzschutz aufsetzen. Orzo in den [Mixtopf] geben und **nach Packungsanweisung | 95 °C | [Linkslauf] | Stufe 1** garen. Die Orzo durch den Garkorb abgießen, abtropfen lassen und in eine Salatschüssel geben. Olivenöl zugeben und alles vermengen.

2 | Zwiebel, Knoblauch und Basilikum in den [Mixtopf] geben, **3 Sek. | Stufe 8** zerkleinern, mit dem [Spatel] nach unten schieben. Dann zu den Orzo in die Salatschüssel geben.

3 | Kirschtomaten, Mini-Mozzarella, Salz sowie Pfeffer zugeben und die Zutaten vermengen. Auf Tellern anrichten, mit Rest Basilikum garnieren und servieren.

Zutaten

- 1400 g Wasser
- 2 TL Gemüse-Gewürzpaste
- 250 g Orzo-Nudeln
- 4 EL Olivenöl
- 1 rote Zwiebel, halbiert
- 1 kleine Knoblauchzehe
- 20 g Basilikumblättchen zzgl. einige zum Garnieren
- 250 g Kirschtomaten, halbiert
- 250 g Mini-Mozzarella
- ½ TL Salz
- 3 Prisen Pfeffer

Schnell variiert: Schneide eine Gurke sowie eine rote Zwiebel klein, und vermische alles mit etwas Rucola.

ITALIENISCHER SPAGHETTISALAT

ZUTATEN FÜR 4 PERSONEN | ZEIT: 20 MIN.

Zubereitung

1 | In einem großen Topf reichlich Salzwasser zum Kochen bringen und die Spaghetti al dente garen.

2 | Inzwischen Parmesan in den [Mixtopf] geben und **10 Sek. | Stufe 8** zerkleinern. Umfüllen und beiseitestellen.

3 | Getrocknete Tomaten, Oliven sowie Knoblauch in den [Mixtopf] geben und **5 Sek. | Stufe 8** zerkleinern. Mit dem [Spatel] nach unten schieben. Öl, Balsamicoessig, Kräuter, 1 TL Salz sowie Pfeffer zufügen und alles **30 Sek. | Stufe 4** vermengen.

4 | Spaghetti abgießen, kalt abschrecken und in einer großen Salatschüssel mit der Oliven-Mischung vermengen. Parmesan, Tomaten, Rucola und Pinienkerne darüberschichten und Salat bis zum Servieren kalt stellen.

Zutaten

* Salz
* 500 g Spaghetti
* 100 g Parmesan, in Stücken
* 300 getrocknete Tomaten in Öl, abgetropft
* 100 g grüne Oliven, entsteint
* 1 Knoblauchzehe
* 80 g Olivenöl
* 6 EL dunkler Balsamicoessig
* 2 TL getrocknete italienische Kräuter
* ½ TL Pfeffer
* 200 g Kirschtomaten, halbiert
* 75 g Rucola
* 50 g Pinienkerne

Bei uns ist der Salat auf keiner Grillparty mehr wegzudenken.

ZITRONENLIMONADE

ZUTATEN FÜR 6 GLÄSER À 250 ML | ZEIT: 3 MIN.

Zubereitung

1 | Zucker in den Topf geben und **10 Sek.** | **Stufe 10** pulverisieren. Halbierte Zitronen mit 300 g Wasser zufügen und **2 Sek.** | **Stufe 10** zerkleinern.

2 | Mineralwasser zugeben, Garkorb einsetzen, diesen mit dem Spatel im Topf festhalten und die Limonade in eine Karaffe abseihen. Abgezupfte Minzblätter sowie Eiswürfel zugeben und sofort servieren.

Zutaten

* 50–80 g Zucker
* 3 unbehandelte Zitronen, ungeschält, halbiert
* 300 g Wasser
* 1200 g Mineralwasser zum Auffüllen
* Blättchen von 3 Stängeln frischer Minze
* Eiswürfel nach Belieben

Für etwas mehr Pep kannst du noch ein Stück Ingwer hinzufügen.

GEDÄMPFTES GEMÜSE MIT DIP

ZUTATEN FÜR 4 PERSONEN | ZEIT: 25 MIN.

Zubereitung

1 | Für die Soße Sesam in einer Pfanne ohne Fett goldbraun rösten, abkühlen lassen. Knoblauch, Ingwer und Sesam in den [Mixtopf] geben, **6 Sek. | Stufe 7** zerkleinern. Tahin, Zitronenabrieb, Zitronensaft, Wasser, Sesamöl, Erdnussmus, ½ TL Salz und 1 Prise Pfeffer im [Mixtopf] **20 Sek. | Stufe 7** mixen. Umfüllen und beiseitestellen.

2 | Für das Gemüse Karotten und Rote Bete in einer Schüssel mit ½ TL Salz, 2 Prisen Pfeffer und 2 EL Öl marinieren, in den Varoma® geben. Wasser in den [Mixtopf] füllen, den Varoma® verschlossen aufsetzen und alles **14 Min. | Varoma® | Stufe 1** garen. Inzwischen Zwiebeln, Radieschen sowie Frühlingszwiebeln in einer Schüssel mit je 1 Prise Salz und Pfeffer würzen, mit übrigem Öl marinieren, auf dem Einlegeboden verteilen.

3 | Den Deckel vorsichtig abnehmen, den Einlegeboden auf den Varoma® auflegen, verschließen und weitere **8 Min | Varoma® | Stufe 1** garen. Den Varoma® absetzen, das Gemüse vermengen. Auf Tellern anrichten und mit Soße und Minzblättchen bestreut servieren.

Zutaten

Für die Soße

* 50 g Sesam
* 4 Knoblauchzehen
* 1 cm Ingwer
* 90 g Tahin
* Abrieb und Saft von ½ unbehandelten Zitrone
* 100 g Wasser
* 4 EL Sesamöl
* 70 g Erdnussmus
* Salz
* Pfeffer

Für das Gemüse

* 550 g bunte Karotten, längs geviertelt
* 150 g Rote Bete, in Spalten
* 4 EL Olivenöl
* 500 g Wasser
* 2 rote Zwiebeln, in Spalten
* 150 g Radieschen, halbiert
* 75 g Frühlingszwiebeln, längs halbiert
* Minze zum Garnieren

Ich verwende das Gemüse auch gern für schnelle Sommerrollen und dazu gibt's Teriyakisoße, lecker!

LACHS MIT KOKOS-CURRY

ZUTATEN FÜR 4 PERSONEN | ZEIT: 35 MIN.

Zubereitung

1 | Reis in den Garkorb einwiegen, unter fließendem Wasser gründlich spülen und den Garkorb in den einsetzen. Die Gewürzpaste und 1200 g Wasser zugeben und mit dem vermengen.

2 | Gemüse im Varoma® verteilen. Den Einlegeboden mit Backpapier auslegen, dabei darauf achten, dass die seitlichen Dampfschlitze frei bleiben. Lachsfilets auf dem Einlegeboden verteilen, mit Öl bestreichen und mit je 2 Prisen Salz und Pfeffer würzen. Den Varoma® mit dem Einlegeboden aufsetzen, verschließen und **20 Min. | Varoma® | Stufe 1** garen. Den Varoma® abnehmen, den Garkorb mithilfe des entnehmen und beides warm halten. Den leeren.

3 | Für das Curry Zwiebel und Knoblauch in den geben, **5 Sek. | Stufe 5** zerkleinern und mit dem nach unten schieben. 2 EL Öl mit der Currypaste zugeben, **2 Min. | Varoma® | Stufe 1** andünsten. Kokosmilch, Limettensaft und Sojasoße zugeben, ohne Messbecher **5 Min. | 100 °C | Stufe 2** köcheln lassen, dabei den Spritzschutz aufsetzen. Reis mit Gemüse, Lachs und Soße auf 4 Tellern anrichten und mit Koriander garniert servieren.

Zutaten

- ★ 250 g Basmatireis
- ★ 1 TL Gemüse-Gewürzpaste
- ★ 1200 g Wasser
- ★ 500 g Brokkoli, in Röschen
- ★ 1 rote Paprikaschote, in Stücken
- ★ 4 Lachsfilets (à ca. 125 g)
- ★ 2 EL Öl zzgl. etwas zum Bestreichen
- ★ Salz
- ★ Pfeffer
- ★ 1 Zwiebel, halbiert
- ★ 2 Knoblauchzehen
- ★ 3 TL rote Currypaste
- ★ 400 g Kokosmilch (Dose)
- ★ Saft von 1 Limette
- ★ 2 EL Sojasoße
- ★ Koriander zum Garnieren

Ich verwende gern rote Currypaste, du kannst auch gelbe oder grüne Paste nehmen. Die grüne ist am schärfsten, die gelbe am mildesten.

PASTA-BOWL MIT PESTO

ZUTATEN FÜR 4 PERSONEN | ZEIT: 40 MIN.

Zubereitung

1 | Basilikum, Pinienkerne und Knoblauch im **5 Sek. | Stufe 8** zerkleinern. Den Parmesan zugeben, **5 Sek. | Stufe 9** zerkleinern und mit dem nach unten schieben. 50 g Öl, je 1 Prise Salz sowie Pfeffer zufügen und **10 Sek. | Stufe 6** verrühren. Das Pesto umfüllen.

2 | Aubergine im Varoma®, Zucchini und Paprika auf dem Einlegeboden verteilen, Tomatenrispen darauflegen. Den Einlegeboden einsetzen, den Varoma® mit Deckel verschließen. Wasser mit 1 TL Salz in den füllen, Varoma® aufsetzen, **15 Min. | Varoma® | Stufe 1** garen. Varoma® vorsichtig zur Seite stellen. Nudeln in geben. Den Varoma® wieder aufsetzen und die Nudeln **nach Packungsangabe | Varoma® | | Stufe 1** garen.

3 | Varoma® vorsichtig zur Seite stellen. Die Nudeln abgießen, dabei 60 g Garflüssigkeit auffangen. Garflüssigkeit in den zurückgeben, das Pesto zufügen und **4 Sek. | Stufe 3** vermischen. Von der Soße 4 EL umfüllen. Die Nudeln zurück in den geben und mit dem vorsichtig unter die Soße rühren. Restliche Soße mit Zitronensaft, ¼ TL Salz und 2 Prisen Pfeffer verrühren und in einer Schüssel mit dem gegarten Gemüse mischen.

4 | Nudeln auf vier Bowls verteilen. Gemüse, je 1 Rispe Kirschtomaten und ½ Kugel Burrata daraufgeben. Mit Pinienkernen, etwas Pfeffer und Kresse bestreut servieren.

Zutaten

- 60 g Basilikumblättchen
- 20 g Pinienkerne zzgl. 1 EL zum Garnieren
- 2 Knoblauchzehen
- 40 g Parmesan, in Stücken
- 50 g Olivenöl
- Salz
- Pfeffer
- 1 Aubergine, in Würfeln
- 1 Zucchini, in Würfeln
- je 1 rote und gelbe Paprikaschote, in Würfeln
- 4 Rispen Kirschtomaten
- 1300 g Wasser
- 400 g Vollkornnudeln
- 1 TL Zitronensaft
- 2 Burratas, halbiert
- 1 Beet rote Rettichkresse

Bowls sind supervielseitig, für eine leckere Basis genügt Pasta oder Reis.

ERDBEER-BUTTERKEKS-DESSERT

ZUTATEN FÜR 4 GLÄSER À 250 ML | ZEIT: 20 MIN.
ZZGL. 30 MIN. RUHEZEIT

Zubereitung

1 | Butter in den geben und **3 Min. | 60 °C | Stufe 1** schmelzen lassen. Kekse zugeben, **10 Sek. | Stufe 8** vermengen. In die Gläser geben und mit einem Löffel festdrücken. Den spülen.

2 | 200 g Erdbeeren und Puderzucker in den geben und **30 Sek. | Stufe 8** pürieren. Umfüllen und den spülen.

3 | Den Rühraufsatz einsetzen. Die Sahne in den geben und ohne Zeiteinstellung **Stufe 3,5** unter Sichtkontakt steif schlagen. Rühraufsatz entnehmen und die Sahne umfüllen. Quark, Zucker und Vanillemark in den geben und **30 Sek. | Stufe 3** glatt rühren. Sahne mithilfe des unterheben.

4 | Einen Teil der übrigen Erdbeeren am Glasrand aufstellen und die Gläser mit Creme befüllen. Erdbeerpüree auf der Creme verteilen und mit übrigen Erdbeeren garnieren. Vor dem Servieren 30 Min. kalt stellen.

Zutaten

* 50 g weiche Butter
* 80 g Butterkekse, in Stücken
* 350 g Erdbeeren, halbiert
* 2 EL Puderzucker
* 200 g Sahne
* 250 g Quark
* 60 g Zucker
* Mark von 1 Vanilleschote

Dieses Dessert kann alles:
Cremig, fruchtig, knusprig
und es ist schnell gemacht.

WOCHENENDE

Am Wochenende ist Zeit
für gemütliche Stunden
mit Familie und Freunden. Ich
freue mich, wenn alle glücklich
sind. Damit du auch Zeit
für Gespräche hast, teile ich
mit dir Rezeptideen, die sich gut
vorbereiten lassen oder schnell
für größere Runden zubereitet
werden können.

MORGENS BRUNCHEN

Ein Brunch ist perfekt für entspanntes Zusammensein und lässt sich gut vorbereiten.

DINKELBRÖTCHEN ÜBER NACHT

ZUTATEN FÜR 10 STÜCK | ZEIT: 35 MIN.
ZZGL. 12 STD. RUHEZEIT

Zubereitung

1 | Alle Zutaten in den [Mixtopf-Symbol] geben und **1 Min.** | [Ähre-Symbol] zu einem geschmeidigen Teig vermengen. Den Teig in eine Schüssel umfüllen, abdecken und über Nacht in den Kühlschrank stellen.

2 | Am nächsten Tag den Backofen auf 230 °C Ober-/Unterhitze vorheizen. Ein Backblech mit Backpapier belegen. Den Teig auf eine leicht bemehlte Arbeitsfläche geben, in 10 Stücke teilen und zu runden Teiglingen formen. Die Brötchen kreuzweise einschneiden und auf dem Backblech verteilen.

3 | Auflaufform oder Fettpfanne mit 250 g Wasser füllen und auf den Backofenboden stellen bzw. auf die unterste Ebene einschieben. Die Brötchen im heißen Ofen etwa 20 Min. backen. Aus dem Ofen nehmen, vollständig abkühlen lassen, dann nach Belieben servieren.

Zutaten

- 500 g Dinkelmehl Type 630 zzgl. etwas zum Bestäuben
- 1 Pck. Trockenhefe
- 1 ½ TL Salz
- 360 g Wasser zzgl. 250 g Wasser zum Backen

Außerdem

- Auflaufform oder Fettpfanne

Ich bereite den Teig am Abend vorher zu. Dann brauche ich morgens nur noch die Brötchen zu formen und zu backen.

EIERSALAT MIT CURRY

ZUTATEN FÜR 6 PERSONEN | ZEIT: 20 MIN.

Zubereitung

6 Eier, Mayonnaise, Joghurt, Curry, Salz sowie Pfeffer in den Mixtopf geben und **5 Sek. | Stufe 4** zerkleinern. Die restlichen 2 Eier in Würfel schneiden. Eier, Mandarinen und Frühlingszwiebeln mit dem Spatel unterheben. Anschließend umfüllen und bis zum Servieren kalt stellen.

Zutaten

- 8 hart gekochte Eier, gepellt
- 100 g Mayonnaise
- 80 g Joghurt (3,5 % Fett)
- 2 TL Currypulver
- ½ TL Salz
- 3 Prisen Pfeffer
- 175 g Mandarinen (Dose), abgetropft
- 2 Frühlingszwiebeln, in Ringen

Ich koche Eier gerne im Thermomix®, auch direkt eine große Portion, damit ich einen Vorrat für die Woche habe, etwa für den Eiersalat!

AVOCADO-TOAST MIT POCHIERTEM EI

ZUTATEN FÜR 4 PERSONEN | ZEIT: 20 MIN.

Zubereitung

1 | Eier in 4 kleine Tassen (à ca. 100 ml) schlagen und in den Varoma® stellen. Das Wasser in den ◯ geben, Varoma® aufsetzen und je nach Eiergröße **11–14 Min.** | **Varoma®** | **Stufe 1** garen. Eier in Größe M benötigen 11–12 Min., Größe L 12–13 Min. und Größe XL 14 Min.

2 | Nach dem Pochieren den Varoma® absetzen und die Tassen vorsichtig entnehmen. Den ◯ leeren. Avocados in Scheiben schneiden und auf das Brot legen. Mit Eiern und Kresse garnieren. Mit Salz und Pfeffer würzen und mit frischem Zitronensaft beträufeln.

Zutaten

- 4 Eier
- 550 g Wasser
- 2 Avocados
- 4 Scheiben Weißbrot oder Toast, getoastet
- 20 g Kresse
- 2 Prisen grobes Meersalz
- 2 Prisen Pfeffer
- Saft von 1 Zitrone

Statt Avocado pur kannst du die Guacamole von Seite 82 verwenden.

MILCHREIS

ZUTATEN FÜR 4 PERSONEN | ZEIT: 45 MIN.

Zubereitung

Milch, Milchreis, Sahne, Zucker sowie Salz in den geben und **38 Min.** | **95°C** | | **Stufe 1** garen. Milchreis 5 Min. ruhen lassen und dann servieren.

Zutaten

- 800 g Milch
- 250 g Milchreis
- 200 g Sahne
- 50 g Zucker
- 1 Prise Salz

Für Gäste am Vortag kochen und auf kleine Einmachgläser aufteilen. Am nächsten Tag mit frischen Beeren, Kompott, Apfelmus oder Zimtzucker servieren.

MARMELADE 2:1

ZUTATEN FÜR 6 GLÄSER À 200 ML | ZEIT: 25 MIN.

Zubereitung

Früchte in den [Mixtopf-Symbol] geben und **6 Sek. | Stufe 5** zerkleinern. Mit dem [Spatel-Symbol] nach unten schieben. Die restlichen Zutaten zufügen, ohne Messbecher **15 Min. | 100 °C | Stufe 2** köcheln lassen, dabei den Spritzschutz aufsetzen. Den Messbecher einsetzen und nach Belieben weitere **8 Sek. | Stufe 5** pürieren. Die sterilen Gläser mit der Marmelade füllen, fest verschließen und vollständig abkühlen lassen.

Zutaten

★ 1000 g Früchte (z. B. Erdbeeren)
★ 500 g Gelierzucker (2 : 1)
★ Saft von ½ Zitrone

Mit dem Thermomix® ist hausgemachte Marmelade so einfach zubereitet. Meine Gäste freuen sich immer darüber!

VORWERK

LACHS-MANGO-SALAT

ZUTATEN FÜR 4 PERSONEN | ZEIT: 20 MIN.

Zubereitung

Mango, Lachs und Frühlingszwiebeln in eine Schüssel geben. Olivenöl, Zitronensaft, Salz sowie Pfeffer in den geben und **15 Sek. | Stufe 5** emulgieren. Dressing zum Salat geben und gut vermengen. Lachs-Mango-Salat mit Guacamole servieren.

Zutaten

- 300 g Mango, in Würfeln
- 200 g Räucherlachs, in Würfeln
- 4 Frühlingszwiebeln, in Ringen
- 30 g Olivenöl
- 20 g Zitronensaft
- ¼ TL Salz
- 3 Prisen Pfeffer
- Guacamole (siehe Seite 82)

Der Salat eignet sich auch hervorragend als Belag für Bagels – perfekt, um sechs Personen satt zu machen. Bagels mit Guacamole bestreichen, den Salat darauf verteilen und genießen.

APFELSAFT

ZUTATEN FÜR 1 FLASCHE À 1 LITER | ZEIT: 30 MIN.

Zubereitung

1 | Apfelstücke mit Zitronensaft in den [Mixtopf] geben und **30 Sek. | Stufe 4–10** aufsteigend fein pürieren. Den Varoma® mit Passiertuch oder Küchenhandtuch auslegen, auf eine Schüssel stellen. Apfelbrei hineinfüllen, Ecken des Tuchs zusammendrehen und den Saft herausdrücken.

2 | Den Apfelsaft in den [Mixtopf] einwiegen. Nach Bedarf auf 1000 g Saft noch 40 g Zucker zufügen und **15 Min. | 80°C | Stufe 1** verrühren. Saft in eine sterile Flasche füllen, diese verschließen und abkühlen lassen. Der Saft ist dunkel und kühl gelagert ca. 6 Monate haltbar.

Zutaten

* 1200 g Apfel mit Schale, in Stücken
* 20 g Zitronensaft
* bei Bedarf 40 g Zucker

Frischer Saft ist so viel besser als gekaufter! Ich mache immer gleich mehrere Flaschen und lagere sie in der kühlen Vorratskammer.

Apfelsaft

BLAUBEER-JOGHURT-SMOOTHIE

ZUTATEN FÜR 4 PERSONEN | ZEIT: 10 MIN.

Zubereitung

1 | Joghurt, Banane, Vanillepaste sowie Milch in den geben und **1 Min. | Stufe 10** pürieren. Ca. ⅓ des Shakes umfüllen und beiseitestellen.

2 | Blaubeeren, Himbeeren sowie Chiasamen in den geben und **1 Min. | Stufe 10** pürieren. Beeren-Smoothie auf 4 Gläser verteilen. Mit restlichem Joghurtshake und Blaubeeren toppen und mit Minzblättern garniert servieren.

Zutaten

- ★ 600 g Joghurt (3,5% Fett)
- ★ 1 Banane, in Stücken
- ★ 1 TL Vanillepaste
- ★ 100 g Milch (3,5 % Fett)
- ★ 150 g frische Blaubeeren zzgl. einige zum Garnieren
- ★ 50 g TK-Himbeeren
- ★ 30 g Chiasamen
- ★ Minze zum Garnieren

Wenn Gäste zu Besuch sind, bereite ich gern ein paar Smoothies zu und richte sie schön in Gläsern an.

„FROOP“-JOGHURT MIT FRUCHTSOSSE

ZUTATEN FÜR 4 PERSONEN | ZEIT: 10 MIN.

Zubereitung

1 | Skyr, Wasser, Puderzucker, Vanillezucker sowie Zitronensaft in den [Mixtopf] geben und **5 Min.** | [Rühraufsatz] verrühren. Die Sykr-Creme auf 4 Gläser verteilen. Den [Mixtopf] spülen.

2 | Früchte nach Belieben mit dem Zucker in den [Mixtopf] geben, **15 Sek.** | **Stufe 8** pürieren. Auf der Skyr-Masse verteilen und servieren.

Zutaten

- 500 g Skyr
- 40 g Wasser
- 30 g Puderzucker
- 1 TL selbst gemachter Vanillezucker
- 1 EL Zitronensaft
- 300 g Früchte (z. B. Himbeeren, Mangos, Waldfrüchte)
- 20 g Zucker

Naturjoghurt mit Fruchtsoßen toppen: Das geht schnell und im Nu sind viele Gläschen gefüllt.

HEFEZOPF

ZUTATEN FÜR 1 HEFEZOPF À 20 SCHEIBEN | ZEIT: 1 STD.
ZZGL. 1 STD. 30 MIN. RUHEZEIT

Zubereitung

1 | Milch, Butter, Zucker sowie Hefe in den geben und **3 Min. | 37 °C | Stufe 2** verrühren. Mehl, Salz und Ei hinzufügen, **3 Min. |** verkneten. Den Teig in eine bemehlte Schüssel legen, mit einem feuchten Geschirrtuch abdecken und an einem warmen Ort 1 Std. gehen lassen.

2 | Den Teig auf der leicht bemehlten Arbeitsfläche gut durchkneten. In drei Teile teilen, diese jeweils zu Kugeln formen und dann zu langen Strängen rollen. Zu einem Zopf flechten und die Enden unterschlagen. Auf ein mit Backpapier belegtes Backblech legen und nochmals 30 Min. gehen lassen.

3 | Den Backofen auf 180 °C Ober-/Unterhitze vorheizen. Eigelb mit Sahne verquirlen und den Zopf gleichmäßig damit einpinseln. Nach Belieben mit Hagelzucker bestreuen. Auf der mittleren Schiene des Ofens 30–35 Min. bis zur gewünschten Bräune backen. Auf einem Kuchengitter auskühlen lassen.

Zutaten

- 250 g Milch
- 50 g weiche Butter, in Stücken
- 50 g Zucker
- 20 g frische Hefe
- 500 g Weizenmehl Type 550 zzgl. etwas zum Bearbeiten
- 2 Prisen Salz
- 1 Ei
- 1 Eigelb
- 30 g Sahne
- nach Belieben Hagelzucker zum Bestreuen

Ein frischer Hefezopf mit Marmelade und Butter ist das Beste an einem Sonntagsbrunch.

NACHMITTAGS *Kaffeezeit*

Ich liebe Kuchen in allen Variationen: mal fruchtig, mal schokoladig.

Hauptsache, sie sind unkompliziert zuzubereiten und perfekt für einen entspannten Nachmittag.

NO-BAKE-ERDBEER-JOGHURT-TORTE

ZUTATEN FÜR 10 STÜCKE | ZEIT: 1 STD. 30 MIN.
ZZGL. 2 STD. RUHEZEIT

Zubereitung

1 | Den Boden der Springform mit Backpapier auslegen. Butter in den ⌴ geben und **3 Min. | 60 °C | Stufe 1** schmelzen. Butterkekse zugeben und **10 Sek. | Stufe 8** vermengen. Keksmischung in die Springform füllen, auf dem Boden gut verteilen und leicht fest drücken. Bis zur weiteren Verwendung in den Kühlschrank stellen. Den ⌴ spülen.

2 | Den Rühraufsatz einsetzen. Sahne und Vanillezucker in den ⌴ geben, ohne Zeiteinstellung unter Sichtkontakt auf **Stufe 3** steif schlagen und umfüllen. Joghurt mit Gelatine-Fix in den ⌴ geben und **20 Sek. | Stufe 4** verrühren. Die Sahne mit Zucker zufügen und **10 Sek. | Stufe 3** vermengen. Joghurtcreme auf den Boden geben und glatt streichen, 2 Std. kalt stellen.

3 | Für den Guss die Erdbeeren in den ⌴ geben und **12 Sek. | Stufe 8** zerkleinern, mit dem Spatel nach unten schieben. Den Zucker mit Gelatine zufügen und **10 Min. | 100 °C | Stufe 2** mit Spritzschutz kochen. Erdbeerguss kurz etwas abkühlen lassen, dann als Spiegel auf der Creme verteilen und Torte bis zum Servieren kalt stellen.

Zutaten

Für den Boden
- 120 g Butter
- 220 g Butterkekse, halbiert

Für den Belag
- 400 g Sahne
- 20 g selbst gemachter Vanillezucker
- 750 g Joghurt mit Erdbeergeschmack
- 3 Pck. Gelatine-Fix
- 80 g Zucker

Für den Guss
- 300 g TK-Erdbeeren
- 1 EL Zucker
- 1 Pck. Gelatine-Fix

Außerdem
- Springform (Ø 26 cm)

Lässt sich super am Vortag vorbereiten.

ZIMTSCHNECKEN

ZUTATEN FÜR 12 STÜCK | ZEIT: 30 MIN.
ZZGL. 1 STD. 30 MIN. RUHEZEIT

Zubereitung

1 | Für den Teig Milch, Zucker sowie Hefe in den ◻ geben und **2 Min.** | **37°C** | **Stufe 1** erwärmen. Mehl, Butter und Salz zugeben, **2 Min.** | ⚘ verkneten. In eine Schüssel umfüllen, mit einem feuchten Handtuch abdecken und ca. 1 Std. gehen lassen, bis sich das Teigvolumen verdoppelt hat.

2 | Für den Belag weiche Butter, Rohrzucker, Stärke und Zimt in den ◻ geben, **10 Sek.** | **Stufe 4** vermischen.

3 | Den Teig auf einer bemehlten Arbeitsfläche nochmals durchkneten und zu einem großen Rechteck (ca. 45 × 30 cm) ausrollen. Die Buttermischung auf den Teig streichen und von der breiten Seite her aufrollen. Anschließend die Rolle in 12 Stücke schneiden, auf ein mit Backpapier ausgelegtes Backblech oder eine Auflaufform legen und noch mal ca. 30 Min. gehen lassen.

4 | Backofen auf 200 °C Ober-/Unterhitze vorheizen. Das Ei mit 1 EL Milch verquirlen und die Schnecken damit bestreichen dann ca. 20 Min. goldgelb backen. Aus dem Ofen nehmen, Puderzucker mit 3 EL Milch verrühren und die Zimtschnecken mit Zuckerguss garniert servieren.

Zutaten

Für den Hefeteig

* 300 g Milch
* 40 g Zucker
* 1 Pck. Trockenhefe
* 525 g Weizenmehl Type 405 zzgl. etwas zum Bearbeiten
* 65 g weiche Butter
* 1 Prise Salz

Für den Belag und Guss

* 100 g weiche Butter
* 90 g brauner Rohrzucker
* 1 ½ EL Stärke
* 2 ½ TL Zimt
* 1 Ei zum Bestreichen
* 4 EL Milch
* 150 g Puderzucker

Weil Hefeteig im Thermomix® so einfach gelingt, gibt es bei mir nur noch selbst gemachte Zimtschnecken.

MAULWURFKUCHEN VOM BLECH

ZUTATEN FÜR 24 STÜCKE | ZEIT: 1 STD. 5 MIN.
ZZGL. 2 STD. RUHEZEIT

Zubereitung

1 | Backofen auf 175 °C Ober-/Unterhitze vorheizen. Ein tiefes Backblech mit Backpapier auslegen, den Rand ggf. mit etwas Butter fetten. Für die Füllung die Schokolade in den geben und **5 Sek. | Stufe 8** hacken. Umfüllen, beiseitestellen.

2 | Für den Teig den Rühraufsatz einsetzen. Butter, Zucker und Vanillezucker in den geben, **3 Min. | Stufe 4** schaumig rühren, dabei nach und nach Eier durch die Deckelöffnung zufügen. Den Rühraufsatz entnehmen. Milch, Mehl, Kakao- und Backpulver sowie Salz zugeben, **20 Sek. | Stufe 4** vermengen. Auf das Backblech geben, glatt streichen und im heißen Ofen ca. 30 Min. backen. Vollständig abkühlen lassen. und Rühraufsatz spülen.

3 | Für die Füllung den Rühraufsatz einsetzen. Sahne, Sahnesteif sowie Vanillezucker in den geben und ohne Zeiteinstellung **Stufe 3,5** unter Sichtkontakt steif schlagen. Den Rühraufsatz entnehmen und die gehackte Schokolade mit dem unterheben.

4 | Boden mit einem Esslöffel ca. ½ cm tief aushöhlen, dabei einen Rand von 1–2 cm stehen lassen. Ausgelöffelten Kuchen zerkrümeln und beiseitestellen.

5 | Die Bananenhälften auf dem Boden verteilen. Sahne darauf verstreichen, Kuchenbrösel darauf verteilen und vorsichtig andrücken. Den Maulwurfkuchen mind. 2 Std. kalt stellen, dann nach Belieben mit etwas Kakaopulver bestäuben und servieren.

Zutaten

Für den Teig

* 230 g weiche Butter, in Stücken, zzgl. etwas zum Fetten
* 220 g Zucker
* 2 EL selbst gemachter Vanillezucker
* 4 Eier
* 150 g Milch
* 350 g Weizenmehl Type 405
* 70 g Kakaopulver
* 1 Pck. Backpulver
* 1 Prise Salz

Für die Füllung

* 150 g Zartbitterschokolade, in Stücken
* 800 g Sahne
* 3 Pck. Sahnesteif
* 3 EL selbst gemachter Vanillezucker
* 8 Bananen, längs halbiert
* Kakaopulver zum Bestäuben

Außerdem

* tiefes Backblech

Bequem auf dem Blech zubereitet: perfekt für Besuch.

APFEL-STREUSEL-KUCHEN

ZUTATEN FÜR 24 STÜCKE | ZEIT: 55 MIN.

Zubereitung

1 | Ofen auf 180 °C Ober-/Unterhitze vorheizen und ein Backblech mit Backpapier auslegen. Nach Belieben einen Backrahmen daraufstellen.

2 | Für den Belag den Rühraufsatz einsetzen. Sahne in den geben und ohne Zeiteinstellung **Stufe 3,5** unter Sichtkontakt steif schlagen. Rühraufsatz entnehmen, Sahne umfüllen und kalt stellen. Den spülen. Die Äpfel in einer großen Schüssel mit dem Zitronensaft vermengen und beiseitestellen.

3 | Für die Streusel alle Zutaten in den geben und **30 Sek. | Stufe 5** vermengen und umfüllen. Für den Teig alle Zutaten in den geben und **20 Sek. | Stufe 4** vermengen. Teig in die Backform geben, die Apfelwürfel darauf verteilen und die Streusel darüberstreuen. Kuchen 30–35 Min. goldgelb backen. Herausnehmen, etwas abkühlen lassen und mit Sahne garniert servieren.

Zutaten

Für den Belag

- 200 g Sahne
- 1200 g Äpfel, in Würfeln
- Saft von ½ Zitrone

Für die Streusel

- 200 g Weizenmehl Type 405
- 125 g kalte Butter, in Stücken
- 125 g Zucker
- 1 TL Zimt

Für den Teig

- 250 g weiche Butter, in Stücken
- 150 g Zucker
- 1 EL selbst gemachter Vanillezucker
- 4 Eier
- 50 g Milch
- 350 g Weizenmehl Type 405
- 1 Pck. Backpulver
- 1 Prise Salz

Der Teig für Boden und Streusel ist flott gemacht und der Kuchen reicht für viele Personen.

SCHNELLER ERDBEER-QUARK-KUCHEN

ZUTATEN FÜR 24 STÜCKE | ZEIT: 45 MIN.

Zubereitung

1 | Ofen auf 175 °C Ober-/Unterhitze vorheizen. Ein Backblech mit Backpapier auslegen. Für den Teig Eier, Zucker sowie Vanillezucker in den [Mixtopf] geben, **4 Min. | Stufe 4** schaumig schlagen. Restliche Zutaten zufügen und **20 Sek. | Stufe 4** unterrühren.

2 | Teig auf das Blech geben und im heißen Backofen 30–35 min. backen. Herausnehmen und auskühlen lassen. Den [Mixtopf] spülen. Für die Creme den Rühraufsatz einsetzen. Sahne mit Sahnesteif in den [Mixtopf] geben und ohne Zeiteinstellung **Stufe 3,5** unter Sichtkontakt steif schlagen. Rühraufsatz entnehmen und die Sahne umfüllen.

3 | 250 g Erdbeeren In den [Mixtopf] geben und **30 Sek. | Stufe 8** pürieren. Quark, Zucker und Vanillezucker zufügen und **30 Sek. | Stufe 3** glatt rühren. Sahne mithilfe des [Spatel] unterheben. Die Quarkmasse auf den Teig streichen. [Mixtopf] spülen. Schokolade in den [Mixtopf] geben, **5 Sek. | Stufe 6** zerkleinern. Mit dem [Spatel] nach unten schieben und **3 Min. | 50 °C | Stufe 1** schmelzen. Einige halbierte Erdbeeren eintauchen und die Schokolade fest werden lassen. Zusammen mit den übrigen Erdbeeren auf dem Kuchen verteilen und servieren.

Zutaten

Für den Teig

* 4 Eier
* 150 g Zucker
* 1 EL selbst gemachter Vanillezucker
* 335 g Weizenmehl Type 405
* 225 g Öl
* 225 g Orangensaft
* Abrieb und Saft von 2 unbehandelten Zitronen
* 1 Pck. Backpulver
* 1 Prise Salz

Für die Creme und den Belag

* 200 g Sahne
* 2 Pck. Sahnesteif
* 1000 g Erdbeeren, halbiert
* 500 g Quark
* 50 g Zucker
* 1 EL selbst gemachter Vanillezucker
* 100 g weiße Schokolade, in Stücken

Erdbeerkuchen ist einer meiner Favoriten: schnell, einfach und unglaublich lecker.

BANANA-SPLIT-FRAPPUCCINO

ZUTATEN FÜR 2 GLÄSER À 350 ML | ZEIT: 10 MIN.

Zubereitung

Alle Zutaten in den ◯ geben und **35 Sek. | Stufe 8** mixen. Den Frappuccino in die Gläser füllen, mit Schlagsahne toppen, mit Schokosoße garnieren und servieren.

Zutaten

- ★ 2 reife Bananen, in Stücken
- ★ 200 g Eiswürfel
- ★ 200 g Milch
- ★ 150 g gekochter Kaffee, abgekühlt
- ★ 1 TL selbst gemachter Vanillezucker
- ★ Schlagsahne zum Garnieren
- ★ Schokosoße zum Garnieren

Dieser Banana-Split-Frappuccino sorgt stets für einen Wow-Effekt und kommt bei Kaffeefans super an.

GEMEINSAM GENIESSEN

Es gibt doch nichts Besseres als einen entspannten Abend mit den Liebsten. Für mich heißt das vor allem: Zeit mit ihnen verbringen, anstatt stundenlang in der Küche zu stehen.

Deshalb mag ich einfache Rezepte, die trotzdem etwas hermachen. Wir sitzen zusammen, reden, genießen das Essen und lassen es uns einfach richtig gut gehen.

ELSÄSSER FLAMMKUCHEN

ZUTATEN FÜR 4 PERSONEN
ZEIT: 35 MIN.
ZZGL. 30 MIN. RUHEZEIT

Ob klassisch Elsässer Art, mit Feta oder wie eine Pizza. Flammkuchen bietet für jeden etwas und kommt deshalb bei uns oft auf den Tisch.

Zutaten

Für den Teig

- 440 g Weizenmehl Type 405 zzgl. etwas zum Bearbeiten
- 200 g warmes Wasser
- 40 g Olivenöl zzgl. 1 EL zum Bestreichen
- 2 Eigelb
- Salz

Für den Belag

- 200 g Schmand
- 150 g Crème fraîche
- 2 Prisen Pfeffer
- 200 g Zwiebeln, geviertelt und in Scheiben
- 200 g geräucherter durchwachsener Speck, in Würfeln

Zubereitung

1 | Alle Zutaten für den Teig mit 1 TL Salz in den geben und **2 Min. |** verkneten. Den Teig zu einer Kugel formen, mit 1 EL Öl bestreichen, in eine Schüssel geben, abdecken und bei Zimmertemperatur ca. 30 Min. ruhen lassen. Den spülen.

2 | Den Backofen auf 230 °C Ober-/Unterhitze vorheizen, dabei ein Backblech mit hineingeben. Für die Creme Schmand, Crème fraîche, ½ TL Salz sowie Pfeffer in den geben und **10 Sek. | Stufe 4** vermengen.

3 | Den Teig vierteln. Auf einer leicht bemehlten Arbeitsfläche zu vier dünnen Fladen ausrollen. Je zwei Fladen auf ein Backpapier geben, mit Schmandcreme bestreichen, mit Zwiebeln und Speck belegen und vorsichtig auf das heiße Backblech ziehen. Im heißen Ofen nacheinander ca. 12 Min. backen. Die Flammkuchen servieren.

Italienisch

Verstreicht die Schmandcreme auf dem Flammkuchen und belegt ihn dann wie eine Pizza.

Griechisch

wird es mit Oliven und Feta. Die Schmandcreme ist auch hier die Basis.

Süße Alternative

Flammkuchen essen wir auch gern mit Schmand, dünnen Apfelscheiben, Camenbert und Preiselbeeren.

SPAGHETTI „DE LUXE“

ZUTATEN FÜR 4 PERSONEN | ZEIT: 30 MIN.

Zubereitung

1 | Knoblauch im 2 **Sek. | Turbo** zerkleinern. Mit dem nach unten schieben. Öl und Tomatenmark zufügen, **2 Min. | 100 °C | Stufe 2** andünsten.

2 | Sahne, Schmelzkäse, 350 g Tomaten, Kräuter sowie ½ TL Salz und Pfeffer zugeben, **5 Min. | 100 °C | Stufe 2** ohne Messbecher aufkochen. Währenddessen die Stärke mit 50 g Wasser vermischen und durch die Deckelöffnung geben. Soße weitere **10 Min. | 100 °C | Stufe 2** kochen.

3 | Währenddessen Spaghetti in reichlich kochendem Salzwasser nach Packungsangabe bissfest garen, abgießen und abschrecken. Soße **10 Sek. | Stufe 8** pürieren. Pasta mit der Soße vermengen und mit den restlichen Tomaten, Burrata, Öl sowie Basilikum garniert servieren.

Zutaten

* 1 Knoblauchzehe
* 20 g Olivenöl zzgl. etwas zum Garnieren
* 15 g Tomatenmark
* 100 g Sahne
* 50 g Schmelzkäse
* 400 g Kirschtomaten, halbiert
* 1 TL getrockneter Oregano
* 1 TL getrocknetes Basilikum
* Salz
* 4 Prisen Pfeffer
* 1 EL Stärke
* 50 g Wasser
* 400 g Spaghetti
* 375 g Burrata
* Basilikum zum Garnieren

Eigentlich ein Everyday-Klassiker, mit Burrata allerdings ein echter Star auf dem Tisch!

LACHS IN TOMATENSAHNE

ZUTATEN FÜR 4 PERSONEN | ZEIT: 35 MIN.

Zubereitung

1 | Parmesan in den geben und **10 Sek. | Stufe 8** zerkleinern. Umfüllen und beiseitestellen.

2 | Das Wasser in den geben. Gnocchi im Varoma® verteilen. Den Einlegeboden mit Backpapier auslegen, dabei darauf achten, dass die seitlichen Dampfschlitze frei bleiben. Die Lachsfilets auf dem Einlegeboden verteilen, mit Öl bestreichen und mit je 2 Prisen Salz sowie Pfeffer würzen. Einlegeboden mit dem Varoma® aufsetzen, diesen verschließen und die Zutaten **25 Min. | Varoma® | Stufe 1** garen.

3 | Anschließend den Varoma® abnehmen und warm halten. Den leeren. Für die Soße Knoblauch mit Zwiebel in den geben und **5 Sek. | Stufe 5** zerkleinern. Mit dem nach unten schieben. 2 EL Öl mit Tomatenmark zugeben und **2 Min. | Varoma® | Stufe 1** andünsten. Die restlichen Zutaten, ½ TL Salz und 2 Prisen Pfeffer zugeben, **6 Min. | 100 °C | | Stufe 2** köcheln lassen. Lachs mit Gnocchi und Soße auf 4 Tellern anrichten, mit Parmesan sowie Basilikum garniert servieren.

Zutaten

- 80 g Parmesan, in Stücken
- 500 g Wasser
- 800 g Gnocchi (Kühlregal)
- 4 Lachsfilets (à ca. 125 g)
- 2 EL Öl zzgl. etwas zum Bestreichen
- Salz
- Pfeffer
- 3 Knoblauchzehen
- 1 Zwiebel, halbiert
- 2 EL Tomatenmark
- 200 g Sahne
- 200 g Kirschtomaten, halbiert
- 150 g Spinat (TK)
- 1 TL getrocknetes Basilikum
- Basilikum zum Garnieren

Clever kochen, das kann der Thermomix®! Gnocchi und Lachs garen im Varoma® und die Soße ist in wenigen Minuten im Mixtopf zubereitet.

FROZEN BELLINI

ZUTATEN FÜR 8 GLÄSER | ZEIT: 15 MIN.
ZZGL. 12 STD. RUHEZEIT

Zubereitung

1 | Garkorb in einen tiefen Teller stellen oder über den Mixtopf halten und die Pfirsiche einfüllen und abtropfen lassen. Etwa 100 g Saft für den Zuckerrand auffangen und in den Kühlschrank stellen.

2 | Pfirsiche in Würfel schneiden, in einen Gefrierbeutel geben und für 12 Std. im Eisfach gefrieren lassen.

3 | Zwei Teller vorbereiten: auf einen Teller etwas Pfirsichsaft füllen, auf den zweiten Teller den Zucker geben. Danach ein Glas erst in den Pfirsichsaft eintauchen, danach sofort in Zucker tauchen und leicht abklopfen. Vorgang mit allen Gläsern wiederholen.

4 | Gefrorene Pfirsichwürfel 10 Min. vor dem Verarbeiten aus dem Gefrierfach nehmen und antauen lassen.

5 | Die Pfirsiche mit Zitronensaft in den Mixtopf geben und **20 Sek. | Stufe 8** zerkleinern. Mit dem Spatel nach unten schieben, Prosecco einfüllen, **4 Sek. | Stufe 3,5** verrühren. Dann in die vorbereiteten Gläser füllen.

Zutaten

- ★ 820 g ungezuckerte Pfirsiche (Dose)
- ★ etwa 100 g Zucker für den Zuckerrand am Glas
- ★ Saft von ½ Zitrone
- ★ 750 g Prosecco
- ★ nach Belieben frische Pfirsichspalten zum Dekorieren

Der Zuckerrand ist ein raffiniertes Highlight. Sieht toll aus und ist schnell umgesetzt.

QUICHE LORRAINE

ZUTATEN FÜR 8 STÜCKE | ZEIT: 1 STD.

Zubereitung

1 | Käse in den Mixtopf geben, **8 Sek. | Stufe 7** zerkleinern und umfüllen. Butter, Schinkenwürfel sowie Lauch in den Mixtopf geben und **6 Min. | Varoma® | Linkslauf | Stufe 1** andünsten. Die Mischung 15 Min. abkühlen lassen. Eier, Sahne, Käse, Salz, Pfeffer sowie Muskat in den Mixtopf geben und **15 Sek. | Linkslauf | Stufe 3** vermengen.

2 | Backofen auf 200 °C Ober-/Unterhitze vorheizen. Die Quicheform mit etwas Butter fetten. Teig ausrollen und in die Quicheform legen, überall leicht andrücken. Überstehenden Teig rundherum abschneiden.

3 | Schinken-Lauch-Mischung auf den Teig geben. Im heißen Backofen 35–40 Min. goldbraun backen. Herausnehmen, etwas abkühlen lassen und servieren.

Zutaten

- 100 g Bergkäse, in Stücken
- 20 g Butter zzgl. etwas zum Einfetten
- 150 g Schinkenwürfel
- 2 Stangen Lauch à ca. 180 g, längs halbiert, in Ringen
- 4 Eier
- 250 g Sahne
- ½ TL Salz
- 3 Prisen Pfeffer
- 2 Prisen Muskat
- 1 Blätterteig (270 g, Kühlregal)

Außerdem

- Quicheform (Ø 28 cm)

Einfach einen Tag vorher machen, im Kühlschrank lagern und bei Bedarf aufwärmen. Denn die Quiche bleibt zwei bis drei Tage frisch.

GLASNUDELSALAT SWEET-CHILI

ZUTATEN FÜR 4 PERSONEN | ZEIT: 20 MIN.

Zubereitung

1 | Wasser mit 1 TL Salz in den geben und den Garkorb einhängen. Edamame einfüllen und **12 Min. | Varoma® | Stufe 1** garen.

2 | Inzwischen die oberen grünen Blätter des Pak Choi in Streifen schneiden und mit den Karotten in eine Salatschüssel füllen. Restlichen Pak Choi in Streifen schneiden, mit den Glasnudeln in eine weitere Schüssel geben.

3 | Garkorb mithilfe des herausnehmen und zur Seite stellen. Das heiße Kochwasser über die Nudeln gießen und 5 Min. quellen lassen. Schalotte, Knoblauchzehe sowie Ingwer in den geben und **6 Sek. | Stufe 5** zerkleinern. Mit dem nach unten schieben.

4 | Sesamöl, Reisessig, Sojasoße, Sweet-Chili-Soße, Mandelmus, Limettensaft, 2 Prisen Salz sowie 3 EL Wasser zufügen und **5 Sek. | Stufe 4** verrühren.

5 | Glasnudeln in ein Sieb gießen, abtropfen lassen und zusammen mit den Edamame zum Gemüse geben. Das Dressing darübergießen, alles locker untermischen und mit Sesam bestreut servieren.

Zutaten

- ★ 650 g Wasser zzgl. 3 EL
- ★ Salz
- ★ 200 g Edamame (TK)
- ★ 2 Pak Choi
- ★ 3 Karotten, in dünnen Streifen
- ★ 200 g Glasnudeln
- ★ 1 Schalotte
- ★ 1 Knoblauchzehe
- ★ 1 cm Ingwer
- ★ 2 EL Sesamöl
- ★ 1 TL Reisessig
- ★ 2 EL Sojasoße
- ★ 2 TL Sweet-Chili-Soße
- ★ 3 TL Mandelmus
- ★ 2 EL Limettensaft
- ★ 1 EL gerösteter Sesam

Das ist unser leichter Asia-Imbiss für zu Hause.

LIMETTEN-MOUSSE

ZUTATEN FÜR 4 GLÄSER À 200 ML | ZEIT: 10 MIN.

Zubereitung

1 | Den Rühraufsatz einsetzen. Sahne in den [Mixtopf] geben und ohne Zeiteinstellung **Stufe 3,5** unter Sichtkontakt steif schlagen. Den Rühraufsatz entnehmen und die Sahne umfüllen.

2 | Limettensaft, Hälfte des Limettenabriebs, Puderzucker sowie Gelatine in den [Mixtopf] geben und **5 Min. | 70 °C | Stufe 2** erwärmen. Anschließend ca. 10 Min. abkühlen lassen. Joghurt sowie Sahne zugeben und **20 Sek. | Stufe 3,5** vermengen.

3 | Die Mousse in Gläser füllen und für etwa 2 Std. kalt stellen. Vor dem Servieren mit Minze und restlichem Limettenabrieb garnieren.

Zutaten

* 200 g Sahne
* 2 unbehandelte Limetten, davon 1 abgerieben, 2 ausgepresst
* 50 g Puderzucker
* 2 TL gemahlene Gelatine
* 500 g Joghurt
* Minze zum Garnieren

Ein luftiges schnelles Dessert, das sich gut vorbereiten lässt und zu jedem Menü passt.

VORBEREITUNGEN

*Ein paar Basics
sind in meiner Küche
einfach unverzichtbar.
Sobald ich merke,
dass meine Gewürzpaste
oder mein Pesto zur Neige
gehen, bereite ich sie sofort
wieder zu. Denn wenn ich
gerade Zeit und Lust
habe, dann mache ich
das gerne gleich.*

GEMÜSE-GEWÜRZPASTE

ZUTATEN FÜR 2 GLÄSER À 350 ML
ZEIT: 10 MIN.

Zutaten

* 3 getrocknete Tomaten, in Stücken
* 1 Knoblauchzehe
* 1 kg Suppengrün, in Stücken
* 150 g Meersalz

Zubereitung

Die getrockneten Tomaten mit der Knoblauchzehe in den [Mixtopf] geben, **5 Sek. | Stufe 5** zerkleinern und mit dem [Spatel] nach unten schieben. Das Suppengemüse mit dem Meersalz zufügen, **20 Sek. | Stufe 8** zerkleinern. In Schraubgläser füllen. Dank des hohen Salzgehalts ist die Paste mehrere Monate haltbar, wenn du sie im Kühlschrank lagerst.

KRÄUTERBUTTER

ZUTATEN FÜR 300 G
ZEIT: 5 MIN.

Zutaten

* Blättchen von 2 Stielen Petersilie
* 30 g Basilikumblättchen
* Blättchen von 1 Stiel Salbei
* Nadeln von 2 Zweigen Rosmarin
* ½ Beet Kresse
* 1 TL Salz
* ¼ TL Pfeffer
* 250 g weiche Butter, in Stücken

Zubereitung

1 | Petersilie, Basilikum, Salbei, Rosmarinnadeln, Kresse, Salz und Pfeffer in den [Mixtopf] geben, **5 Sek. | Stufe 10** zerkleinern. Mit dem [Spatel] nach unten schieben.

2 | Butter zufügen, **20 Sek. | [Linkslauf] | Stufe 4** vermischen. Die Kräuterbutter nach Belieben servieren.

Mit Bärlauch,
Petersilie, Basilikum,
Schnittlauch und vielem
mehr: Kräuterbutter
bereite ich mit allem
zu, was das Hochbeet
hergibt. Ich fülle sie
in kleine Schraubgläser,
das sieht auf dem Tisch
einfach toll aus!

BASILIKUMPESTO

ZUTATEN FÜR 3 GLÄSER À 150 ML
ZEIT: 5 MIN.

Zutaten

- 100 g Parmesan, in Stücken
- 60 g Basilikum
- ½ Bund Schnittlauch
- 2 Knoblauchzehen
- 60 g Pinienkerne
- 150 g Olivenöl
  zzgl. etwas zum Bedecken
- Abrieb und Saft
  von ½ unbehandelten Zitrone
- 1 TL Salz
- 3 Prisen Pfeffer

Zubereitung

Parmesan in den geben, **10 Sek. | Stufe 10** zerkleinern. Kräuter, Knoblauch, Pinienkerne, Öl, Zitronenabrieb und -saft, Salz sowie Pfeffer zufügen und **25 Sek. | Stufe 7,5** zerkleinern. Pesto in sterile Gläser füllen und bei Bedarf mit etwas Olivenöl abdecken. Im Kühlschrank hält sich das Pesto 3–4 Wochen. Damit es lange frisch bleibt, bedecke es stets auch nach jeder Entnahme großzügig mit Öl und bewahre es im Kühlschrank auf.

PESTO ROSSO

ZUTATEN FÜR 2 GLÄSER À 250 ML
ZEIT: 10 MIN.

Zutaten

- 50 g Pinienkerne
- 50 g Parmesan, in Stücken
- 2 Knoblauchzehen
- 200 g getrocknete Tomaten, in Öl, abgetropft
- 150 g Olivenöl zzgl. etwas zum Bedecken
- 1 TL Meersalz
- 1 Prise Pfeffer

Zubereitung

1 | Pinienkerne in einer Pfanne ohne Fett anrösten und abkühlen lassen. Parmesan mit Knoblauch in den [Mixtopf-Symbol] geben und **10 Sek. | Stufe 10** zerkleinern. Die Pinienkerne zufügen, **5 Sek. | Stufe 8** zerkleinern und umfüllen.

2 | Getrocknete Tomaten in den [Mixtopf-Symbol] geben, **5 Sek. | Stufe 10** zerkleinern und mit dem [Spatel-Symbol] nach unten schieben. Parmesan-Mischung, Öl, Salz und Pfeffer zufügen, **20 Sek. | Stufe 3,5** vermengen und abschmecken.

3 | Pesto in sterile Gläser umfüllen und die Oberfläche mit reichlich Olivenöl bedecken. Im Kühlschrank hält sich das Pesto 3–4 Wochen. Damit dein selbst gemixtes Pesto lange frisch bleibt, bedecke es stets auch nach jeder Entnahme großzügig mit Öl.

Strecke das Pesto mit Balsamico-Essig und Olivenöl, so wird es zu einem köstlichen Dressing für gegrilltes Gemüse. Auch lecker: als Füllung für Pizzaschnecken.

LIEBLINGSZUTATEN

Das habe ich immer zu Hause.

Burrata

Dieser Mozzarella mit seinem cremigen Kern verleiht jedem Gericht das gewisse Etwas! Ob im Tomate-Mozzarella-Salat oder in Pasta – einfach lecker!

Chiasamen

Ein echter Power-Boost für deinen Alltag! Chiasamen machen lange satt und sind vielseitig einsetzbar. Ich liebe sie in Smoothies, Salaten oder als Basis für Pudding.

Currypaste

Es darf ruhig mal scharf sein. Ich bereite die Paste gern im Thermomix® zu, aber es kann auch mal die fertige sein. Es gibt sie in drei Schärfegraden: rot, grün und gelb.

Datteln

Es geht nichts über selbst gemachte Dips aus dem Thermomix®, ganz vorn mit dabei: der legendäre Dattel-Dip. Kein Wunder also, dass ich immer ein paar Datteln auf Vorrat habe!

Dosentomaten, passierte

Sie sind reif und oft in ihrem besten Geschmack konserviert. Das macht sie perfekt für Rezepte, bei denen der Tomatengeschmack im Vordergrund steht. Ich habe immer ein paar Dosen im Schrank.

Feta

Dieser Käse hat bei uns einen festen Platz im Kühlschrank. Ob auf Flammkuchen, in Pasta oder Salaten – Feta macht in jedem Gericht eine gute Figur und schmeckt immer superlecker!

Gnocchi und Pasta

… aus dem Kühlregal sind meine ständigen Begleiter, weil sie einfach unglaublich vielseitig und schnell zuzubereiten sind. Dazu eine selbst gemachte Soße, fertig!

Haferflocken

Sie sind mein absoluter Frühstücks-Favorit! Ob als warmes Porridge an kalten Tagen oder knusprig im Granola – einfach immer lecker und perfekt für einen gesunden Start in den Tag.

Knoblauch

Mein Küchen-Must-have! Ob fein gehackt in Pasta, geröstet auf Brot oder als Aromageber in Soßen. Er ist nicht nur geschmacksintensiv, sondern auch unglaublich vielseitig und gesund.

Natives Olivenöl

Olivenöl extra vergine ist aus meiner Küche nicht wegzudenken. Wenn in den Rezepten von Olivenöl die Rede ist, dann verwende ich dieses. Es ist von hoher Qualität und superaromatisch.

Nüsse

Sie sind mein Snack-Geheimtipp! Ob geröstet für extra Crunch, im Salat für mehr Biss oder als Power-Zutat im selbst gemachten Müsli – Nüsse sind für den perfekten Energieschub immer dabei.

Parmesan

Ich kaufe Parmesan nur am Stück und achte auf gute Qualität. Im Thermomix® ist der Käse im Handumdrehen zerkleinert. Und ehrlich, er passt einfach immer und veredelt jede Mahlzeit!

Pflanzliche Milchalternativen

Statt zur Kuhmilch greife ich gerne zu Hafer- oder Mandeldrinks. Du kannst sie in vielen Rezepten einfach gegen Milch austauschen. Hier achte ich darauf, ungesüßte Varianten zu wählen.

Risottoreis

Ein echter Klassiker in meiner Küche! Besonders Arborio und Carnaroli eignen sich hervorragend, da sie viel Flüssigkeit aufnehmen und eine schöne, cremige Konsistenz entwickeln.

Tiefgekühlte Früchte

Meine Favoriten sind Mangostücke, Himbeeren, Erdbeeren und gemischte Beeren. Ob für Fruchtmus aus dem Thermomix® oder als Topping für Desserts – immer eine gute Wahl!

Hier findest du alle Rezepte aus dem Buch.

REGISTER

Lieben Dank an alle!

IMPRESSUM

ZauberTopf at Home „Food, Family & Friends" ist eine Publikation aus dem Hause falkemedia

Herausgeber
falkemedia GmbH & Co. KG,
K. A. Goukassian (v. i. S. d. P.)

ZauberTopf ist eine unabhängige Publikation aus dem Hause falkemedia und steht in keinerlei Verbindung zu den Unternehmen der Vorwerk-Gruppe. Die Marken Thermomix®, TM5® und Varoma® sowie die Produktgestaltungen des Thermomix® sind eingetragene Marken der Unternehmen der Vorwerk-Gruppe. Für die Rezeptangaben in **ZauberTopf** ist ausschließlich falkemedia verantwortlich.

Haftungsausschluss
Für Fehler im Text, in Schaltbildern, Aufbauskizzen usw., die zum Nichtfunktionieren führen, wird keine Haftung übernommen.

Datenschutz
Jürgen Koch
(datenschutzanfrage@falkemedia.de)
falkemedia GmbH & Co. KG,
Abt. Datenschutz,
Pahlblöken 15–17
24232 Schönkirchen

Fotos
AdobeStock: S. 20 knelson20, S. 28 viktoriya89, S. 60 AzamGold
getty images/iStock: S. 39 Edalin

Sonstige: S. 41 Bosch/Désirée Peikert, S. 105 Bosch/Anna Gieseler, S. 114 Julia Eickmeyer, S. 123 Bosch/Désirée Peikert, S. 155 Bosch/Désirée Peikert, S. 159 Bosch/Anna Gieseler; falkemedia; Archiv

Illustrationen
Sonstige: falkemedia; Archiv

Chefredaktion
Vivien Koitka

Redaktion
Dr. Tanja Lindauer
(Leitung Books & Specials),
Svenja Rudolf

Rezepte
Lukas Nissen, Désirée Peikert, Elisa Schilling

Chefin vom Dienst/ Druckmanagement
Nicole Neumann

Food-Fotografie
Tina Bumann, Anna Gieseler, Kathrin Knoll, Sandra Leibinger, Ira Leonie, Désirée Peikert

Fotografinnen
Anna Gieseler, Kathrin Knoll

Lektorat
SchlussBlick

Art-Direktion
Marleen Osbahr

Grafik und Bildbearbeitung
Nina Damm, Jasmin Gäding, Katharina Rudy

Verlag
falkemedia GmbH & Co. KG,
Pahlblöken 15–17,
24232 Schönkirchen
Tel. (0431) 200 766-0
Fax (0431) 200 766-50
HRA 8785 Amtsgericht Kiel
www.falkemedia.de |
www.zaubertopf.de

Druck
KREATIV Druck & Medienagentur GmbH
www.kreativ-sh.de

1. Auflage November 2024
ISBN: 978-3-96417-305-8

falkemedia
Wir begeistern Menschen.

Werde jetzt Teil unserer zauberhaften Community!
11:14
Mit diesen Snacks zum Sieg!
Flammkuchen-Brezeln
30 Min.
Chicken
Gefällt mir
Bei uns im ZauberTopf Club warten Tausende Rezepte für den Thermomix® auf dich.
Lass dich täglich von neuen Ideen inspirieren und teile deine Kocherfolge mit uns und allen anderen Fans.
Lade deine eigenen Fotos hoch und zeige, wie dir deine Leckereien gelungen sind.
Ich freu mich auf dich!
Deine Dési
Hier geht's zum Club
ZauberTopf Club
www.zaubertopf-club.de